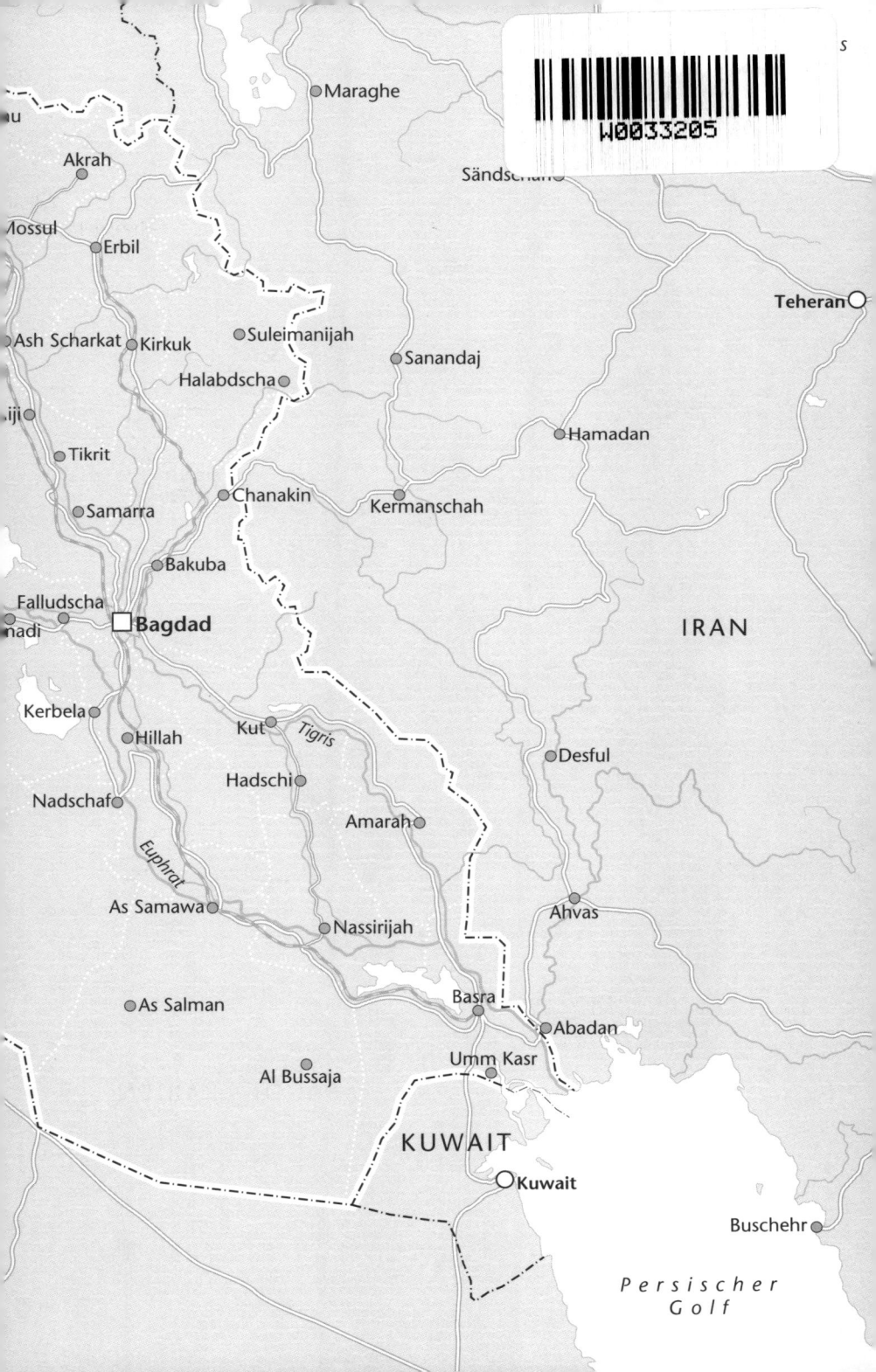

Ulrich Tilgner

DER INSZENIERTE KRIEG

Täuschung und Wahrheit
beim Sturz Saddam Husseins

Rowohlt · Berlin

6. Auflage Januar 2004
Copyright © 2003 by
Rowohlt · Berlin Verlag GmbH, Berlin
Alle Rechte vorbehalten
Kartographie Peter Palm, Berlin
Satz Minion PostScript PageMaker
bei Pinkuin Satz und Datentechnik, Berlin
Druck und Bindung Clausen & Bosse, Leck
Printed in Germany
ISBN 3 87134 492 3

Die Schreibweise entspricht den Regeln
der neuen Rechtschreibung.

Inhalt

Zu diesem Buch

Er ist der erste Krieg, der in Echtzeit übertragen wird – Live-Bomben auf Bagdad, durch die Wüste rasende Panzer, unterbrochen immer wieder durch Briefings und Kommentare zum Kriegsverlauf. Niemals hat es so unglaubliche Bilder gegeben: Unglaublich im Wortsinne, weil die Bilder irreführen, weil man sie nicht glauben will. Unglaublich, weil sie die Vorstellungskraft übersteigen. Sie alle bleiben Ausschnitte, doch wer liefert das ganze Bild?

Dieses Buch soll ein erster Beitrag dazu sein, obwohl auch ich nur einen Ausschnitt des Krieges zeigen kann. Jetzt aber, drei Monate nach Ende der Kriegshandlungen, sehe ich einige Zusammenhänge klarer. Dabei ist meine Einschätzung geprägt durch den besonderen Blickwinkel, den Bagdad mir bot. Dort habe ich den Krieg erlebt. Das hat einen Vorzug wie auch einen Nachteil. Zum einen war mir der Blick auf andere Schauplätze weitgehend versperrt, zugleich gab es keine Ablenkung vom Wesentlichen.

Ich will in diesem Buch keine Ereignisgeschichte schreiben. Es geht auch nicht um Bilder, die in meinem Kopf hängen blieben und nun wie zur Bewältigung in einem Tagebuch präsentiert werden. Solche Erinnerungen sind keine verlässliche Quelle, sie können allzu leicht Teil einer Selbstinszenierung werden.

Es geht darum, mit der Aufarbeitung des Krieges zu beginnen, um den Versuch, zu einem Gesamtbild beizutragen. Da ist es notwendig, auf Folklore zu verzichten, auf Effekt haschende Erlebnisse, die zu Episoden verkommen, wenn sie nicht wirklich exemplarischen Charakter annehmen. Diese Arbeit bleibt ein langwieriger Prozess, und sie kann letztlich nur von Historikern bewältigt werden. Als Journalist will ich lediglich Vorarbeiten leisten, möglichst viel Schutt abräumen, der den Blick auf das Wesentliche verstellt.

Dazu gehört auch, die Vorgeschichte des Krieges zu betrachten, ohne deren Verständnis die Ereignisse rätselhaft bleiben. Gerade in Europa wird allzu gern vergessen, dass der Irak-Krieg ohne den 11. September nicht zu verstehen ist. Die USA reagieren auf den Terror vor allem mit militärischen Mitteln. Gerade aus dieser Beschränkung erwachsen große Probleme. In Afghanistan wurden sie von der internationalen Gemeinschaft übernommen, im Irak sind die USA nach dem Sieg weitgehend auf sich allein gestellt – und sie stehen vor kaum lösbaren Aufgaben.

Am Ende diente das Schreiben des Buches auch dazu, meine eigene Position im Kampfgetöse besser zu begreifen. Denn hinter dem Nebel von Bomben, Granaten und Propaganda wird eine neue Dimension des Militärischen sichtbar: der Informationskrieg. Er liefert die Instrumente, die mehr denn je dafür sorgen, dass Krieg zu einer großen Inszenierung wird. Journalisten spielen dabei, ob sie wollen oder nicht, eine wichtige Rolle.

Kapitel 1

VORGESCHICHTEN

Als Präsident George W. Bush am 1. Mai 2003 die Kampfhandlungen im Irak für beendet erklärt, lässt er keinen Zweifel – der Feldzug wird fortgesetzt: «Der Irak-Krieg ist ein Sieg im Krieg gegen den Terror, der am 11. September 2001 begonnen hat und noch nicht zu Ende ist.» Seit den Terroranschlägen von New York und Washington ist die US-Regierung zum Handeln entschlossen. George Bush begriff die Attacken vom 11. September als Kriegserklärung: Fortan würde Amerika seine Feinde erbarmungslos bekämpfen.

Kaum ist in Bagdad der militärische Sieg errungen, nennt Washington schon die nächsten Ziele: «Wenn es keine Lösung ‹made in America› geben soll», warnt Sicherheitsberaterin Condoleezza Rice zehn Wochen nach dem Sturz Saddam Husseins, «dann lasst uns herausfinden, wie wir die Fälle Nordkorea und Iran lösen können.» Als US-Regierungsmitglieder dem Iran vorwerfen, das Land beherberge al-Kaida-Aktivisten, werden Erinnerungen wach – auch Bagdad hielt man vor, es würde Terroristen aktiv unterstützen. Condoleezza Rice stellt vor aller Welt klar: «Einen Krieg zu vermeiden ist nicht in sich ein letztes Ziel. Manchmal muss man Kriege führen, um Tyrannen zu beseitigen.»

Wer das Geschehen im Irak und in der Region verstehen will, muss begreifen: Amerikas Gefühl der eigenen Verwundbarkeit ist stärker als alle Bedenken, sich durch kriegerische Alleingänge in der Welt zu isolieren. Schnell war den Amerikanern klar, wen sie für den 11. September zur Verantwortung ziehen mussten: Osama Bin Laden und die al-Kaida. So gab Präsident Bush sofort freie Hand für verdeckte Einsätze in Afghanistan, jenem Land, das Bin Laden gemeinsam mit den Taliban beherrscht und zur Basis für seine weltweiten Terror-Aktivitäten ausgebaut hatte. Neun Tage nach den Anschlägen auf das World Trade Center forderte Bush die afghanische Regierung ultimativ auf, sämtliche al-Kaida-Führer an die USA auszuliefern und alle Trainingslager zu schließen. Als die Taliban dies ablehnten, begannen die Amerikaner den Krieg.

Während des Krieges habe ich aus Afghanistan berichtet und die schwer erreichbaren Gebiete im Zentrum des Landes besucht. Mich überraschte, in welchem Ausmaß al-Kaida und die Taliban das Land unter ihre Herrschaft gebracht hatten. Sogar in Chaghcharan, der Hauptstadt der Provinz Ghowr, traten al-Kaida-Kommandos an der Seite der Taliban auf. Wiederholt erlebten wir, dass sich die Bewohner kleinerer Dörfer versteckten, weil sie dachten, bei den Mitgliedern meines Teams handele es sich um Araber, also um Männer Osama Bin Ladens, vor denen die Menschen fürchterliche Angst haben. Diese «Araber» würden mit Gewaltakten die Taliban-Herrschaft stützen, hieß es. Immer wieder hörten wir, dass Bin Ladens Trupps Dorfbewohner erschossen, denen sie vorwarfen, für die Nordallianz zu arbeiten. So waren vor allem Turkmenen und Tadschiken vom Eingreifen der USA begeistert und beteiligten sich am Kampf gegen die Taliban-Regierung.

Nach meinen Erfahrungen in Afghanistan stand für mich fest: Wer der Regierung in Washington die Berechtigung für den Afghanistanfeldzug abspricht, ignoriert, dass die Bedrohung, die von Afghanistan ausging, einen realen Hintergrund hatte. Hier lebten die Verantwortlichen für die Anschläge und für jene Lager, in denen die Terrorkommandos ausgebildet wurden. Dieser Krieg war vom Völkerrecht gedeckt: Nicht nur haben die USA sich gegen einen Angriff verteidigt, sondern sie haben mit der Zerstörung von Ausbildungslagern auch versucht, künftige Angriffe zu verhindern.

Doch der schnelle militärische Sieg in Afghanistan hinterließ größte Probleme. Bis heute haben die USA Osama Bin Laden nicht gefasst oder ausgeschaltet. Zudem überlassen sie den schwierigen Aufbau der afghanischen Zivilgesellschaft der internationalen Gemeinschaft. Es ist kein Zufall, dass in Europa, auf dem Bonner Petersberg, erste politische Strukturen für Afghanistan festgelegt und Hilfsaufgaben international verteilt wurden.

Die Europäer übernehmen den Großteil der Friedenssicherung und finanzieren darüber hinaus den Wiederaufbau – damit erfährt die Regierung in Washington eine nachträgliche Rechtfertigung für den schnellen Kriegsbeginn. Doch indem die internationale Gemeinschaft die Nachkriegsordnung in Afghanistan wiederherstellt, überdeckt sie die Versäumnisse der USA, die den Kampf gegen den Terror weitgehend auf den Einsatz militärischer Mittel reduzierten und auf die Bewältigung der langfristigen Kriegsfolgen nicht vorbereitet waren.

Solche Planungsfehler der US-Militärs werden nach dem Sturz Saddam Husseins weitreichende Konsequenzen haben. Denn anders als nach dem Sieg in Afghanistan ist die internationale Gemeinschaft dort nicht mehr bereit, sofort zentrale Aufgaben bei der Friedenssicherung zu übernehmen.

Ohne die Belastung eines Langzeitengagements in Afghanistan konzentrierte sich die Regierung in Washington auf die Fortsetzung des Krieges gegen den Terrorismus. In seiner Rede zur Lage der Nation kündigte Bush am 29. Januar 2002 an, Amerika werde entschlossen gegen Nordkorea, Iran und Irak vorgehen. Diesen Staaten, die er die «Achse des Bösen» nannte, hielt der Präsident vor, Massenvernichtungswaffen zu besitzen und damit US-Interessen in aller Welt zu bedrohen. «Unser Krieg gegen den Terrorismus dauert zwar schon eine Weile, aber er steht noch ganz am Anfang», erklärte Bush. «Wenn wir jetzt aufhören und damit die Terrorstaaten und die Ausbildungscamps unbehelligt lassen, wird unser Sicherheitsempfinden nur trügerisch und vorübergehend sein.»

Schon vier Monate nach dem 11. September bezeichnete der Präsident den Irak damit öffentlich als mögliches Ziel eines Militärangriffs. Mit seinem Sicherheitskabinett, dem Vizepräsident Dick Cheney, Außenminister Colin Powell, Verteidigungsminister Donald Rumsfeld, CIA-Chef George Tenet, Generalstabschef Henry Shelton und Sicherheitsberaterin Condoleezza Rice angehören, hatte Bush bereits vier Tage nach dem Anschlag auf das World Trade Center einen Einmarsch in den Irak erörtert. Der Journalist Bob Woodward, der die Vorgeschichte des Irak-Krieges recherchierte, stellt fest, das Sicherheitskabinett habe bei dieser Sitzung einen Krieg gegen Irak als direkte Reaktion auf den Anschlag verworfen, weil man der Auffassung war, die Vereinten Nationen und befreundete Staaten würden aus Mangel an Beweisen für eine Zusammenarbeit Iraks mit den al-Kaida-Terroristen einen solchen Angriff nicht unterstützen.

Die US-Regierung war zu diesem Zeitpunkt überzeugt, dass der Irak Massenvernichtungswaffen besaß und Saddam Hussein bereit sei, diese Waffen an al-Kaida weiterzugeben oder sogar selbst gegen Ziele in den USA einzusetzen. Im Dezember 2001 hatte der Generalstab dem Präsidenten zehn Jahre alte Pläne für einen Krieg gegen Irak vorgelegt. General Tommy Franks, der Chef des US Central Command, erinnert sich, Verteidigungsminister Donald Rumsfeld habe eine Serie von Überarbeitungen eingeleitet und die Generalität angewiesen, Szenarien für die spätere «Operation irakische Freiheit» zu entwickeln. Während die Militärs und das Pentagon bereits Truppenstärken errechneten und mögliche Aufmarschvarianten erarbeiteten, begannen Außenminister Colin Powell und die anderen Mitglieder der US-Regierung mit einer ausgedehnten Reisediplomatie: Befreundete Mächte und die irakische Opposition sollten gewonnen werden, Saddam Hussein zu stürzen. Insbesondere Colin Powell wollte die Zustimmung der Vereinten Nationen für einen Krieg sichern.

Der Angriff auf Afghanistan war für die USA ein klarer Fall von Selbstverteidigung. Eine Zustimmung der internationalen Gemeinschaft für den Krieg war nicht notwendig. Der geplante Angriff gegen den Irak trug aber einen anderen Charakter. Weder hatte der Irak die USA angegriffen, noch befanden sich im Irak Stützpunkte, von denen aus Angriffe auf die USA vorbereitet wurden. Da die Beseitigung der Herrschaft Saddam Husseins als Kriegsziel international nicht durchsetzbar war, musste die Regierung in Washington beweisen, dass der Irak mit al-Kaida kooperierte und Massenvernichtungswaffen besaß, die dem Terrornetzwerk überlassen werden konnten.

Doch selbst in einem solchen Fall wäre ein Präventivkrieg gegen einen Staat, von dem eine potentielle, aber keine akute Bedrohung ausgeht, vom Völkerrecht kaum gedeckt. Nach dem Urteil der Internationalen Expertenkommission für Intervention und Staatliche Souveränität (ICISS), einem Gremium, das von UN-Generalsekretär Kofi Annan angeregt wurde, muss der Weltsicherheitsrat eine militärische Intervention autorisieren. Nur in zwei Fällen ist eine solche Intervention vorgesehen: bei Völkermord sowie massiven und systematischen ethnischen Säuberungen. Der Irak-Krieg fällt nach Auffassung von Kommissionsmitglied Cornelio Sommaruga nicht darunter, «weil die USA intervenierten, um den Terrorismus zu bekämpfen und das Regime zu stürzen und nicht, um die irakische Bevölkerung zu schützen.»

US-Präsident Bush suchte die Unterstützung der Vereinten Nationen, um eine Entwaffnung Iraks durch Waffenkontrolleure zu erzwingen oder – im Falle der irakischen Ablehnung – ein Mandat zu besitzen, die Abrüstung militärisch durchzusetzen. Wenn das Regime Frieden wolle, werde es nach vierjähriger Pause wieder die UN-Inspektoren ins Land lassen und sämtliche Forderungen der Vereinten Nationen erfüllen müssen: «Die Resolutionen des Sicherheitsrates werden durchgesetzt», kündigte Bush ein Jahr nach den Anschlägen auf das World Trade Center vor der UN-Vollversammlung unmissverständlich an. «Andernfalls werden wir handeln, und ein Regime, das seine Legitimität verloren hat, wird auch seine Macht verlieren.»

Knapp zwei Monate später fordert der UN-Sicherheitsrat in der Resolution 1441 den Irak auf, UN-Inspektoren ins Land zu lassen und Programme zur Herstellung von Massenvernichtungswaffen binnen 30 Tagen vollständig offen zu legen. Andernfalls drohten «ernsthafte Konsequenzen». Die irakische Führung stimmt der Einreise von UN-Waffeninspekteuren zu und lässt die Experten im Land arbeiten. Damit lenkt Saddam Hussein in dem seit Dezember 1998 schwelenden Streit mit den Vereinten Nationen ein: Der militärische Druck der USA ist zu groß geworden.

Für Saddam Hussein bedeutet die Arbeit der Inspektoren einen deutlichen Prestigeverlust. Der staatlichen Propagandamaschine fällt es schwer zu erklären, warum die Führung des Landes sich vier Jahre lang einer Rückkehr von UN-Waffeninspektoren widersetzt hat. Immer wieder spüre ich Erleichterung: Viele Menschen sind froh, dass Saddam Hussein kontrolliert werden soll. Unter den Irakern wächst die Hoffnung, dass auf diese Weise die seit 1990 bestehenden Wirtschaftssanktionen möglicherweise aufgehoben werden.

Mit fortschreitender Dauer der Waffensuche wächst der Unmut der Bevölkerung gegen das Regime. Das staatliche Fernsehen zeigt immer neue Rüstungskomplexe. Natürlich wissen die Iraker, dass im Lande viel gerüstet wird, doch vom gewaltigen Umfang fehlt ihnen bislang jede Vorstellung. Man sagt es nicht offen, aber hinter vorgehaltener Hand wird Saddam Hussein kritisiert. Vorbei sind die Zeiten, als die Mehrheit der Iraker noch stolz auf die eigene Rüstungsproduktion war. Nun sind die Menschen nicht mehr bereit, für den Aufbau eines riesigen Waffenarsenals persönliche Opfer zu bringen.

Mich überrascht, welche unterschiedlichen Meinungen über die Existenz von Massenvernichtungswaffen herrschen. Viele Iraker gehen davon aus, dass die biologischen und chemischen Waffen in den neunziger Jahren vernichtet wurden. Die Beamten und die Kritiker des Regimes sind wiederum überzeugt, Saddam Hussein habe chemische Waffen versteckt, um sie in einem Krieg einsetzen zu können. Doch mit zunehmender Dauer der Kontrollen sind immer mehr Menschen bereit zu glauben, das Land besitze keine Massenvernichtungswaffen mehr.

Während Anhänger Saddam Husseins die strikten und systematischen Kontrollen der Inspektoren als Schikane oder gar Spionage empfinden, hoffen viele Menschen, dass deren Ende auch das Ende der Sanktionen bringe. Dass die Inspektoren gründlich arbeiten, haben Zehntausende Iraker persönlich erlebt. Deshalb mehrt sich Unmut darüber, dass der militärische Druck der Amerikaner nicht nachlässt. Der Regierung in Washington, so die verbreitete Meinung, gehe es gar nicht um die Massenvernichtungswaffen – sie wolle vielmehr die Kontrolle über das irakische Öl erlangen. Die Menschen im Irak können noch weniger als die Europäer nachvollziehen, wie sehr der Schock über die Anschläge des 11. September das amerikanische Vorgehen bestimmt. So gelingt es dem Regime in Bagdad, dieses Misstrauen gegenüber den USA auszunutzen und zu steigern.

Bei den Irakern wächst die Angst vor einem Krieg. Nur wenige Menschen sehen darin die Chance für den Sturz Saddam Husseins. Zudem verletzen die in aller Welt diskutierten Einmarschpläne der USA den Nationalstolz vieler Iraker. Die Behauptung der US-Regierung, Saddam Hussein arbeite mit Osama Bin Laden zusammen, trifft im Land auf Argwohn.

Daran ändert auch der Auftritt von US-Außenminister Colin Powell vor dem Weltsicherheitsrat am 5. Februar nur wenig. In einer dramatischen Multimedia-Inszenierung präsentiert Powell die Anklage gegen den Irak, die sich angeblich auf amerikanische und britische Geheimdienstinformationen stützt.

Mich erstaunt die Selbstsicherheit, mit der er behauptet, Irak bereite den Einsatz von Massenvernichtungswaffen vor und besitze mobile Produktionsfahrzeuge. Sollte dies stimmen, müssten die Inspektoren eigentlich fündig geworden sein, sagt mir mein Gefühl. Doch Powells Auftritt macht eines deutlich: Die USA wollen sich nicht mehr davon abbringen lassen, den Irak anzugreifen. Vor die Alternative gestellt, weiter im Rahmen der Vereinten Nationen für die Abrüstung Iraks zu arbeiten oder diese im militärischen Bündnis mit Großbritannien und Australien zu erzwingen, entscheiden sich die USA für den politischen und militärischen Alleingang.

Offiziell wird der Krieg mit der Notwendigkeit des Kampfes gegen den Terrorismus und der Suche nach den vom irakischen Regime versteckten Massenvernichtungswaffen begründet. Doch Indizien deuten auf wesentlich weiter gehende Kriegsziele – der Irak soll zum Brückenkopf der USA im Mittleren Osten ausgebaut werden, um von dort aus die eigenen Interessen in der Region besser durchsetzen zu können. Auch als Handelspartner ist der Irak von Interesse für die Amerikaner. Denn während Russland und die europäischen Staaten den größten Teil des Handels im Programm «Öl für Nahrungsmittel» bestreiten, bleibt der Irakhandel für US-Firmen gesperrt. Die Regierung in Washington verbietet den Firmen sogar, vom UN-Sanktionsausschuss genehmigte Aufträge abzuwickeln. Ein militärischer Alleingang zusammen mit Großbritannien und Australien kann also auch dazu dienen, den Irakhandel langfristig zu dominieren.

Für den Angriff auf den Irak sind Wirtschaftsinteressen jedoch nicht das Hauptmotiv: «Kein Blut für Öl», die Parole vieler Friedensdemonstranten, verfehlt den Kern des Problems. Die USA befinden sich im Feldzug gegen den Terror – dafür sind sie, trotz politischer Isolierung und weltweiter Proteste, bereit, ein Land anzugreifen, von dem sie nicht direkt bedroht werden.

Kapitel 2

PROPAGANDAKRIEG

In der ersten Märzwoche sitze ich im Dienstzimmer von Claude Robert Ellner, dem Geschäftsträger der deutschen Botschaft in Bagdad. Der Krieg scheint unausweichlich, und Ellner hat Schreckliches zu berichten: «Wenn die Müllwagen getroffen werden», erklärt er über einer Tasse Kaffee, «sind in Bagdad 72 Stunden später alle tot.» Der Diplomat zitiert Gerüchte, die in seinen Kollegenkreisen die Runde machen: Saddam Hussein habe chemische Waffen in den Wagen der Stadtreinigung versteckt. Durch die Bombenteppiche der Alliierten, legt er nach, sei es gut möglich, dass mobile Waffenlager getroffen würden, die UN-Inspektoren nie aufgespürt haben. Ellner plant seine Ausreise nach Jordanien, die deutschen Journalisten sollen gleich mitkommen.

Übertreibt er oder sind wir wirklich in großer Gefahr? Ich weiß, was Ellner zehn Tage vor Kriegsbeginn im Schilde führt. Er will alle deutschen Korrespondenten dazu bewegen, Irak kurz vor Ausbruch des Krieges zu verlassen. In Einzelgesprächen und Lagebesprechungen versucht er jeden von uns persönlich zu überzeugen. Mindestens zweimal in der Woche lädt er die deutschsprachigen Journalisten in die Botschaft am Mesbah-Platz ein.

Ellner setzt auf die Wirkung seiner Worte und die bedrohliche Dynamik der Lage in Bagdad. Im Kriegsfall würden die gefürchteten «Fedajin Saddam» eine totale Ausgangssperre über die Stadt verhängen, verkündet er – um nach einer Pause mit schmalen Lippen zu ergänzen: «Dann ist es zu spät für eine Ausreise.»

Er mache sich beim Auswärtigen Amt in Berlin dafür stark, den Konvoi der Botschaft nach Jordanien kurz vor Kriegsbeginn zu starten. Das sei ein kalkulierbares Risiko, lockt Ellner, schließlich habe er eine schriftliche Erlaubnis des irakischen Außenministeriums. Mit deren Hilfe dürften seine Botschaftsfahrzeuge die Sperren passieren, die noch vor den ersten Angriffen errichtet würden.

Nach den Gesprächen mit Ellner oder auch mit Christian Winter, dem Leiter des Schweizer Verbindungsbüros, benötige ich Ablenkung und einen klaren Verstand. So schlendere ich durch die Innenstadt, was sich als ideal erweist, um mit der Überprüfung der neuen Informationen zu beginnen. Eine Woche vor Beginn des Krieges werden die Veränderungen immer deutlicher spürbar. Der drohende Angriff lähmt das Geschäftsleben, die Kunden bleiben zu Hause. Vor allem hochwertige Konsumgüter sind kaum noch gefragt, weil kein Iraker jetzt noch in Dinge investiert, die im Krieg zerstört oder geraubt werden könnten. Man kauft, was zum Überleben nötig ist.

Wenn ich mit normalen Bürgern der Stadt rede, bleibt das Stimmungsbild sehr vage. Sie äußern sich abwartend und taktisch, bei ausländischen Journalisten wird jedes Wort genau abgewogen. Die Menschen beschränken sich auf Gemeinplätze oder schwingen Parolen, die sie aus den Regierungszeitungen kennen. So bin ich zwar über die Propaganda auf dem Laufenden, erfahre aber sonst nicht viel.

Selbst langjährige Bekannte wie Händler im Basar halten sich bedeckt, wenn ich nach den drohenden Ausgangssperren frage. Von Gerüchten, Parteimilizen würden Straßen blockieren, haben sie wohl alle gehört. Doch sogar mein alter Freund Tarek Tahir, dessen Wissen ich seit zwanzig Jahren schätze, sagt nichts Genaues.

Panik scheinen die Menschen in Bagdad nicht zu kennen. Nur schleichend verändert sich die Fünf-Millionen-Stadt. Alle wissen, dass der Krieg kommt, schneller, als sie gedacht haben. Das Leben

erstarrt – langsam, aber unaufhaltsam. In den großen Einkaufs-
straßen schließen erste Geschäfte. Händler räumen ihre Lager aus
Angst vor Raketen und Bomben.

Oder wollen sie Hab und Gut vor Plünderern in Sicherheit bringen? Wir beobachten, wie einige Geschäftsleute Holzplatten vor
ihre Schaufensterscheiben stellen. Offenbar soll man nicht erkennen, was drinnen gelagert wird, und zugleich bietet dies Schutz vor
Splittern und Kugeln. Eine völlig neue Diebstahlsicherung für Bagdad: Fensterfront und Ladentüren werden einfach mit Stahlplatten
zugeschweißt.

Vor den Tankstellen bilden sich Schlangen, da die Fahrer aus der
Erfahrung im Kuwait-Krieg 1991 wissen, wie schnell das Benzin
knapp und teuer werden kann. Viele tanken jetzt noch, weil sie ihre
Familien zu Verwandten aufs Land bringen wollen.

Während das Treiben in den Geschäftsvierteln Bagdads erlahmt,
herrscht im Goldbasar Hochbetrieb. Gold in allen Formen wird in
der Stunde der Gefahr besonders geschätzt, vor allem handge-
schmiedete kleine Nachbildungen von Koranbüchern sind begehrt
– als Geldanlage genauso wie als spiritueller Beistand gegen Bomben und Raketen. Dabei wissen die Menschen, dass sie sich gegen
die Einschläge nicht wirklich schützen können. Dieses Gefühl, eigentlich ausgeliefert zu sein, schafft die besondere Mischung aus
Ruhe und Apathie, die Bagdad in den Tagen vor den ersten Angriffen prägt.

Es scheint, als ließen die Menschen die Drohungen nicht an sich
heran. Aber es ist nicht Ignoranz, sondern ein innerer Abstand zu
den Ereignissen, den Horrorszenarien, der Ruhe verleiht. Diese
Haltung hilft mir, kühlen Kopf zu bewahren, die neuen Informationen zu verarbeiten und Vorsorgemaßnahmen zu ergreifen.

Meine Entscheidung steht schon seit Wochen fest: Trotz aller Be-
drohungen will ich in Bagdad bleiben. Ich bin seit zwanzig Jahren
als Journalist im Nahen Osten und möchte auch über diesen Konflikt – wie schon über den Kuwait-Krieg von 1991 – aus der irakischen Hauptstadt berichten. Je näher der Krieg rückt, desto öfter

muss ich meinen Entschluss überprüfen. Der Druck, das Land zu verlassen, nimmt täglich zu – nicht zuletzt vom deutschen Geschäftsträger.

Bei einem Abendessen, zu dem der Schweizer Christian Winter auch Ellner und Oswald Iten von der «Neuen Zürcher Zeitung» einlädt, erhält das Gespräch über Bedrohung und Ausreise den Charakter eines ironischen Geplänkels. Wegen eines Berichts für das ZDF muss ich die Diskussionsrunde vorzeitig verlassen. Wie beruhigend – Claude Robert Ellner scheint sich damit abzufinden, dass manche Journalisten in Bagdad bleiben, wenn er das Land verlässt. Doch Oswald Iten belehrt mich am nächsten Morgen eines Besseren. Ellner habe ihn noch ins Hotel gefahren und unter Anspielung auf meine Hartnäckigkeit lachend behauptet: «Auch der sitzt bei mir im Auto, wenn wir fahren.» Oswald selbst hat seine Koffer schon gepackt, da er auf Anordnung seines Ressortleiters vor Beginn des Krieges nach Amman ausreisen wird.

Als Bush sein Ultimatum verkündet, lichten sich die Reihen im Informationsministerium, mehr und mehr Journalisten verlassen das Land. Vor allem Kollegen aus den USA reisen aus, darunter die Teams der Fernsehstationen ABC, CBS und NBC. Sie weichen dem Druck der US-Regierung und fahren nach Jordanien. Das Verteidigungsministerium warnt die Chefs der großen amerikanischen Fernsehsender, es sei töricht und gefährlich, ihre Mitarbeiter nicht abzuziehen. Journalisten könnten nicht mit Rücksichtnahme rechnen, zumal einige ihrer Hotels als militärische Ziele dienten.

Der Fingerzeig aus Washington lässt keine Zweifel, das Informationsministerium soll bombardiert oder mit Raketen angegriffen werden. Die Botschaft wirkt: Hastig werden die Sendeanlagen in dem modernen zwölfstöckigen Betonbau abgebaut. Auch die Techniker der European Broadcasting Union (EBU), dem Dachverband vor allem europäischer Fernsehanstalten, ziehen sich zurück. Am Ende bleibt nur die Hälfte der Journalisten, etwa 150 Frauen und Männer, in Bagdad, um von dort aus ihre Sicht des Krieges zu schildern.

Amerikanische Drohgebärden

Unterdessen verstärken die USA systematisch ihren Druck auf den Irak. Eine Woche vor Kriegsbeginn testen die amerikanischen Streitkräfte den größten konventionellen Sprengsatz aller Zeiten, die neue 9000-Kilo-Bombe «Moab» («Massive Ordnance Air Blast» oder Massive Luft-Detonations-Bombe). Von den US-Militärs erhält sie gleich den Spitznamen «Mutter aller Bomben» («Mother Of All Bombs») – in Anspielung auf die «Mutter aller Schlachten», wie Saddam Hussein den Kuwait-Krieg von 1991 zu nennen pflegte.

Die Monsterbombe wird am 11. März auf dem Luftwaffenstützpunkt Eglin in Florida von einem Kampfflugzeug abgeworfen und entwickelt bei ihrer Explosion knapp über dem Boden eine Hitzewelle von 3000 Grad Celsius sowie einen weißen Rauchpilz, ähnlich einer Atombombe. Spekulationen über mögliche Ziele dieser Superbombe werden durch die Nervosität angeheizt, mit der die Mitarbeiter des irakischen Presseministeriums auf den Test reagieren. Große Palastgelände im Zentrum von Bagdad scheinen für den Ersteinsatz wie geschaffen. Aber selbst die Zyniker unter meinen Kollegen schließen aus, dass die Moab über Wohngebieten gezündet wird. Insofern ist die neue Bombe keine direkte Bedrohung für uns Journalisten, kalkulieren wir.

Gleichwohl wächst mein Unbehagen, auch wenn die Gefahr durch die Bombardements der Amerikaner im Kollegenkreis nicht offen diskutiert wird. Was passiert, wenn die Bombe über dem Palast der Republik am Tigris gezündet wird? Die Druckwelle würde im «Hotel Palestine», in dem wir während des Krieges wohnen, zumindest die Balkone abreißen. Der Rumpf des Hotels sollte dagegen stabil genug sein. Andere Gedanken verbieten sich schon aus Selbstschutz.

Zwar besteht Hoffnung, dass die Moab nicht über Bagdad abgeworfen wird, aber mit ihrem Einsatz im Krieg muss man rechnen. Schließlich wurden mit ihrem Vorgängermodell, dem «Daisy Cutter» (Gänseblümchen-Mäher), im November 2001 mutmaßliche

Verstecke von Taliban- und al-Kaida-Kämpfern in Afghanistan bombardiert. Obwohl der Daisy Cutter über 40 Prozent weniger Sprengstoff als die Moab verfügt, reißt sie riesige Krater in den Boden.

Die Amerikaner führen noch andere Neuentwicklungen in ihrem Arsenal. Besonders von der E-Bombe fühle ich mich direkt bedroht. Diese hochenergetische Mikrowellenwaffe setzt – so wird gemunkelt – einen starken elektromagnetischen Impuls frei, der elektronische Geräte und Maschinen ausschaltet. Die mit einer Leistung von mehreren Millionen Watt erzeugten Mikrowellen schicken einen Energieimpuls auf Stromleitungen und Datenkabel, der in Schaltkreise und Steuerungselemente eindringt und sie zerstört. Offiziell heißt es wenigstens, Menschen blieben unverletzt. Aber mir kommt es reichlich seltsam vor, dass Platinen schmelzen und Gehirnzellen weiter arbeiten sollen.

Meine Furcht vor der E-Bombe wird nicht geringer, als US-Verteidigungsminister Rumsfeld verlauten lässt, das neue System könne gegen den Irak schon eingesetzt werden. Das Informationsministerium mit dem angeschlossenen Komplex des irakischen Fernsehens bildet tatsächlich ein ideales Ziel. Über den Krieg zu berichten wäre dann nicht mehr möglich – auch dies könnte die Absicht des Pentagons sein, mutmaßen Kollegen aus den USA.

Die Iraker plagen offensichtlich ähnliche Gedanken. Sie beginnen damit, ihre technischen Einrichtungen zu dezentralisieren. Wichtige Geräte des Presseministeriums werden ausgelagert, kleinere Computer nehmen die Mitarbeiter sogar mit nach Hause. Das irakische Fernsehen richtet sich darauf ein, den Sendebetrieb nach einem E-Bomben-Einsatz über mobile Sendestationen aufrechtzuerhalten.

Wir ausländischen Journalisten sind eher hilflos, da wir unsere Geräte nicht auslagern dürfen. Überlegungen, empfindliche Kameras, Schnittplätze oder Sendeanlagen in Stanniolpapier einzuwickeln, erscheinen mir reichlich naiv. So würde zwar ein primitiver Faraday'scher Käfig entstehen, der Energieimpulse wie bei einem

Blitzableiter abwehrt. Aber die Techniker sind nicht besonders optimistisch: Schon ein einziges zerstörtes Element reicht aus, um eine Anlage außer Kraft zu setzen. Auch die so genannten Dispenserbomben, die feine Netze aus Karbonfasern verteilen, könnten nicht nur die irakische Infrastruktur paralysieren, sondern auch ausländischen Journalisten das Leben schwer machen. In Belgrad haben die US-Streitkräfte während des Kosovo-Krieges oberirdische Stromleitungen mit dieser Bombe lahm gelegt.

Doch unsere Spekulationen beschränken sich nicht auf E- und Dispenserbomben, die uns direkt bedrohen. Die US-Armee, erfahren wir, soll auch über Geheimbomben verfügen, um die im Irak vermuteten Massenvernichtungswaffen ohne Gefahr für die Bevölkerung ausschalten zu können. So hat die Luftwaffe angeblich mindestens 250 präzisionsgesteuerte Stopp-Bomben angeschafft, die mit je 4000 Titanstäben gefüllt sind und Lager- und Produktionsstätten von biologischen oder chemischen Waffen durch kinetische Energie zerstören sollen. Damit könne eine Explosion vermieden und der Austritt der tödlichen Stoffe verringert werden, heißt es. Auch Hitzebomben sollen eine möglichst vollständige Verbrennung tödlicher Lagerbestände ermöglichen.

Nicht ohne Grund geraten ausgerechnet jetzt derartige Meldungen in Umlauf, denke ich. Die USA begründen ihren Irak-Feldzug ja ausdrücklich damit, dass Saddam Hussein über biologische und chemische Waffen verfügt. Deren Ausschaltung soll möglichst geringe Folgen für die Iraker haben – Wunder-Bomben kommen da gerade recht.

Doch wenn Geheimbestände von Massenvernichtungswaffen getroffen werden, so sterben vor allem Zivilisten, da sie sich weder gegen biologische noch gegen chemische Kampfstoffe schützen können. Die meisten Journalisten haben immerhin Schutzanzüge und Gasmasken. Sollte es zu einem Gasangriff kommen, reicht dieser Schutz wohl kaum: Es fehlen Ärzte und Medikamente, um die Folgen zu behandeln.

Mir kommen die Meldungen über Stopp- und Hitzebomben vor,

als würden die Amerikaner damit für einen «sauberen Krieg» werben, der sich gegen strategische Ziele richtet und die Menschen verschont. Ein ähnliches Ziel dürfte ihre Ankündigung verfolgen, in diesem Krieg so viele Präzisionsbomben wie nie zuvor einzusetzen. Bald zeigt sich, dass die Versprechungen nicht erfüllt werden: Die Alliierten werfen über Bagdad und dem Irak viele alte und konventionelle Bomben ab. Wieder ist es die Zivilbevölkerung, die davon am meisten betroffen wird.

Die größte Angst haben wir Journalisten vor der ersten Angriffswelle. US-Generalstabschef Richard B. Myers erklärt, man wolle das irakische Regime gleich zu Beginn des Krieges so attackieren, dass es in eine Art Schockzustand gerät und handlungsunfähig wird. Myers nennt keine Zahlen, doch dementiert auch nicht, dass allein in den ersten 48 Stunden mindestens 3000 präzisionsgesteuerte Bomben und Raketen vor allem auf Ziele in Bagdad gelenkt werden sollen. Die «New York Times» verrät als erste Zeitung Details eines angeblichen Kriegsplans und beruft sich dabei auf ungenannte Quellen im Pentagon. Später, als alles ganz anders kommt, stelle ich mir die Frage, ob die renommierte Zeitung nicht gezielten Einflüsterungen aufgesessen war.

In den Pressegesprächen vor Kriegsausbruch belässt es Generalstabschef Myers bei Andeutungen: «Wenn Ihre Erwartung an diesen Krieg auf der ‹Operation Desert Storm› von 1991 basiert, dann sollten Sie sich etwas ganz, ganz, ganz anderes vorstellen.» Auch die Zivilisten bleiben nicht unerwähnt: «Wir müssen die Menschen darauf vorbereiten, dass es sich um einen Krieg handelt. Manche Leute stellen sich vor, dass es aseptisch wird. Aber das wird es nicht sein», erklärt Myers. Und für Journalisten, die aus Bagdad berichten wollen, hat der Generalstabschef einen speziellen Rat: «Sie sollten gerade jetzt sehr, sehr vorsichtig sein, wenn Sie ihrer Arbeit nachgehen.»

Diese unverhohlene Warnung des obersten US-Soldaten am 4. März – zwei Wochen, bevor US-Präsident George Bush Saddam Hussein das Ultimatum zur Ausreise stellt – schafft Unruhe unter den Journalisten in Bagdad. Was ist mit den Einschüchterungen und den Warnungen gemeint? Sollen große Teile Bagdads in Schutt und Asche gelegt werden? Myers strebt wie sein Dienstherr Donald Rumsfeld einen kurzen Krieg an. «Der beste Weg, dies zu erreichen, besteht darin, das irakische Regime dermaßen zu erschüttern, dass es annehmen muss, ein schnelles Ende sei unvermeidbar», erklärt er. Nicht nur die Propaganda, sondern auch die gegenüber dem Kuwait-Krieg erheblich größere Kampfkraft der Amerikaner soll den Feind verunsichern: Neueste Computertechnik hilft, Ziele nur Minuten nach der Erkennung zu zerstören.

Schlugen während des gesamten Kuwait-Krieges von 1991 in Bagdad 330 Bomben und Raketen ein, so wird für die erste Nacht des jetzigen Krieges ein Vielfaches angekündigt. «Schock und Einschüchterung» werde das Konzept genannt, schreibt die «New York Times». Der Aufmarsch der US-Truppen unterstreicht die Drohungen. 260 000 amerikanische Soldaten sind bereits in der Region zusammengezogen, und auch die Flugzeugträger der amerikanischen Marine stehen auf Position.

Trotz aller Drohgebärden der Alliierten kann Diplomat Ellner seine Mission nicht vollständig erfüllen. Er muss sich damit abfinden, dass ein paar deutsche Journalisten in Bagdad zurückbleiben.

Irak – ein neues Vietnam?

Den angekündigten US-Angriff will der Irak mit einem weltweiten Krieg beantworten. Präsident Saddam Hussein kündigt vor Offizieren an, es werde überall gekämpft, wo es Himmel, Wasser und Erde gebe.

Was zuerst als rhetorischer Ausfall erscheint, entpuppt sich schnell als systematische Drohung. Im Zentrum der Propaganda stehen die neue militärische Aufrüstung des Landes und die Vorbereitung auf einen Krieg, den nun offenbar auch die irakische Führung für unabwendbar hält. Vergessen sind die irakischen Abrüstungsbemühungen oder die Zusammenarbeit mit den UN-Inspektoren bei der Suche nach verbotenen Massenvernichtungswaffen. Mit diesem Schwenk will die irakische Führung in den USA, aber auch weltweit, Ängste vor einem neuen Desaster wecken – Vietnam, diesmal im Mittleren Osten.

Die Journalisten sollen dabei helfen. Plötzlich dürfen wir über Kasernen berichten, für die wir früher nie Drehgenehmigungen erhalten hatten. So besucht mein Team ein Ausbildungslager nördlich von Bagdad, in dem Elitesoldaten mit scharfer Munition trainieren. Das Regime will seine Wehrhaftigkeit demonstrieren.

Anderswo, in einer ehemaligen Kaserne, erhalten Kommandos der irakischen Armee den letzten Schliff. An dem Lehrgang nehmen etwa hundert junge Männer teil, die dazu ausgebildet werden, den Vormarsch der US-Armee zu stoppen. Mehrere von ihnen tragen keine Uniform. Da die Offiziere ausführliche Interviews verhindern, bleibt unklar, ob die Rekruten zu einer Art letztem Aufgebot gehören oder ob man reguläre Armee-Einheiten im Guerillakampf schult, bei dem sie keine Uniformen tragen sollen.

Trotz des Kommandogebrülls bei den simulierten Überfällen lässt sich nicht erkennen, ob die Moral der Männer die ersten schweren Angriffe des Krieges überstehen wird. Doch Szenen, in denen die Soldaten Attacken in welligem Hügelgelände üben, lassen ihre Kampfkraft erahnen. Hier werden Taktiken geübt, die sich zwar weniger im Kampf gegen vorrückende Truppen oder gar für offene Feldschlachten eignen. Ihre volle Wirkung können Sie aber im Guerilla-Krieg entfalten.

In einem nahe gelegenen Camp trainieren Offiziere der Republikanischen Garde sogar Kriegsfreiwillige, die sich für Selbstmordaktionen gemeldet haben. Solche Attentäter wurden bereits früher auf Paraden vorgeführt, doch bisher durften wir ihre Ausbildungslager nie filmen. Die Trupps sind der irakischen Armee angegliedert und erhalten eine intensive Vorbereitung auf den Straßenkampf. Sie trainieren, in Kampfausrüstung sekundenschnell auf Dächer zu steigen oder sich von ihnen abzuseilen. Ziel der Ausbildung sei, den Kampfgeist der Kommandos zu steigern, erklärt ein Offizier der Republikanischen Spezialgarde. Die Kommandos sollten lernen, flexibel zu denken und zu reagieren.

Diese Spezialeinheiten, so kommt es mir vor, sind zu allem entschlossen. Ihnen ist durchaus zuzutrauen, dass sie sich US-Truppen verzweifelt entgegenstellen. Unter den Freiwilligen befinden sich auch Kämpfer aus anderen arabischen Staaten, meist sind es Syrer und Palästinenser. Einige der jungen Männer stammen aus Jordanien und Saudi-Arabien, vereinzelt sind sie sogar aus Nordafrika angereist.

Seit Beginn des Jahres kommen immer mehr Freiwillige aus der arabischen Welt nach Bagdad. Auch Europäer arabischer Herkunft werden in den Lagern trainiert, einige von ihnen haben sich erst im Irak für die militärische Ausbildung gemeldet. Ursprünglich wollten sie sich mit der Bevölkerung solidarisieren und als menschliche Schutzschilde Kraftwerke, Raffinerien oder andere Einrichtungen vor Bomben- und Raketenangriffen bewahren. Doch ihr radikaler Anti-Amerikanismus treibt sie zur Armee.

Insgesamt werden nur einige Hundert Freiwillige aus anderen Teilen der arabischen Welt im Nah- und Straßenkampf geschult. Militärisch spielen sie keine Rolle. Doch ihre Opferbereitschaft wird psychologisch und propagandistisch zur Schau gestellt, sie werden im irakischen Fernsehen interviewt, man berichtet über ihre Ausbildung. Das Regime verbirgt auf diese Weise seine Enttäuschung über die schwache Solidarität in den arabischen Staaten. Siegesposen der arabischen Freiwilligen während ihrer Ausbildung in irakischen Lagern dienen als Ersatz für die erhofften Bilder von Millionen-Demonstrationen in Kairo, Amman und Damaskus, auf die die irakischen Machthaber vergeblich gehofft hatten.

Wie verzweifelt das Regime alles unternimmt, Kampfbereitschaft zu beweisen, erkenne ich daran, dass wir in Bagdad plötzlich den Ausbau von Stellungen an den Straßen drehen dürfen. Bis zur vergangenen Woche war es verboten, solche Arbeiten zu filmen oder zu zeigen. Doch die Vorbereitungen auf den Krieg in der Hauptstadt laufen schleppend, obwohl Präsident Saddam Hussein mehrfach erbitterte Gefechte zu ihrer Verteidigung angekündigt hat.

Sein Stellvertreter Taha Jassin Ramadan droht mit dem Einsatz von Tausenden von Selbstmordattentätern. Sie sollen sich nicht nur im Kampf um Bagdad in die Luft sprengen, sondern in allen Teilen der arabischen Welt US-Einheiten attackieren.

Auch mit gezielt verbreiteten Gerüchten über die Verminung von Ölfeldern sollen die USA von einem Angriff abgeschreckt werden. Es sei geplant, die Ölquellen von Kirkuk mit Sprengsätzen zu entzünden, weiß der ehemalige Parlamentsabgeordnete Adnan Rasool, dessen Gewährsmann bei der Erdölgesellschaft im Norden arbeitet. Doch die irakische Führung droht nicht öffentlich mit einem Inferno auf den Ölfeldern, da sie genau weiß, dass die Bevölkerung für solche Sabotageaktionen kein Verständnis hat. So werden die Drohungen informell verbreitet, um Ölkonzerne weltweit gegen einen Krieg aufzubringen. Saddam Hussein möchte erreichen, dass die US-Regierung ihre Pläne doch noch ändert.

Mir ist inzwischen klar, dass die irakische Führung fest mit einem US-Angriff rechnet. Entschlossenheit, Drohungen und martialische Auftritte sollen die amerikanische Angst vor hohen Verlusten in der Schlacht um Bagdad verstärken. Saddam Hussein und seine Minister versuchen gar nicht mehr, den Krieg abzuwenden. Sie wollen ihn in die Länge ziehen und die USA auf diese Weise zu einem Waffenstillstand zwingen.

Bei Demonstrationen von Polizisten oder Kriegsfreiwilligen in den Straßen von Bagdad treten die Selbstmordkommandos der «Fedajin Saddam» besonders aggressiv auf. Sie sind in weiße Gewänder gehüllt und haben ihre Gesichter vermummt. Bereitwillig drohen sie vor Kameras, den Boden des heiligen Vaterlandes in ein «Tor zur Hölle» für die Eindringlinge zu verwandeln. In Bagdad sind alle öffentlichen Einrichtungen in die Kriegsvorbereitungen eingespannt. Selbst die städtische Feuerwehr wird auf einen «langen, opferreichen und ehrenhaften Abwehrkampf gegen die Aggressoren» vorbereitet.

Das Straßenbild verändert sich. An den großen Kreuzungen und vor den Eingängen öffentlicher Gebäude heben «Freiwillige» Stellungen aus. Meist sind es Mitglieder der örtlichen Komitees der Baath-Partei. In einigen Quartieren erhalten sie Tage vor dem Angriff neue Gewehre und müssen die Straßen kontrollieren.

Selbst in den Schulen gibt es Alarmübungen, und die Klassen trainieren, wie sie auf einen Angriff reagieren sollen. In Schnellkursen üben Freiwillige den Straßenkampf. Auch Frauen erhalten eine Kurzausbildung an der Waffe. Sie werden die US-Truppen niemals zurückschlagen können, aber solche Übungen und die Demonstrationen sollen immer wieder dieselbe Botschaft an die Amerikaner senden: Eure Verluste steigen ins Unerträgliche, solltet ihr die Schlacht um Bagdad wagen.

Einheiten der Republikanischen Garden und der Spezialgarden sind in den Straßen nicht zu sehen. Sie sollen die Hauptstadt in vorgezogenen Stellungen verteidigen, die ringförmig um die Stadt angelegt sind. Etwa 100 000 Männer dienen in diesen Elitetruppen. Ihre strenge Ausbildung und immer noch gute Bewaffnung wird selbst von Saddam Husseins Gegnern eingeräumt. Voller Achtung sprechen die Menschen von den sechs «Goldenen Divisionen». Man traut ihnen zu, mit ihren T-72 Panzern und mobilen Raketenbatterien den Vormarsch der US-Verbände einzudämmen, wenn nicht gar zu stoppen – eine Illusion, wie sich später herausstellt. Immer mehr Iraker rechnen insgeheim damit, dass die Garden bei der Schlacht um Bagdad chemische Kampfstoffe einsetzen. Sie seien für einen Gas-Krieg ausgebildet und in der Lage, Bestände vor den Unmovic-Inspektoren zu verbergen, sagen mir viele Iraker.

Die siebzehn Divisionen der regulären Armee betrachten aber selbst Iraker als Kanonenfutter. Kaum jemand rechnet damit, dass sie den US-Verbänden ernsthaft Widerstand leisten können. Sogar einer unserer Wächter im Ministerium glaubt, dass sich die Soldaten schnell ergeben oder zu Beginn des Krieges in Massen desertieren werden.

Wissenschaftler, die in den neunziger Jahren an geheimen Programmen zur Entwicklung von biologischen Kampfstoffen geforscht haben, gehen davon aus, dass der Irak verbotene Chemiewaffen besitzt. Einer von ihnen, Adnan al-Abadi, ist von der Entschlossenheit Saddam Husseins überzeugt, zur Verteidigung Bagdads Kampfgas zu nutzen.

Wafiq al-Samurai, der ehemalige Chef des Militärischen Geheimdienstes, hat mir gegenüber Einsatzpläne für verbotene Waffen bestätigt. Im September 2002 erklärte mir al-Samurai in seinem Londoner Exil, dass Saddam Hussein 1991 den Einsatz des biologischen Kampfstoffes Anthrax für den Fall angeordnet hatte, dass die Truppen der Alliierten einen Waffenstillstand verweigern und auf Bagdad vormarschieren. Al-Samurai hatte Saddam Hussein 1991 nach dem Einmarsch der Alliierten in den Südirak getroffen und mit ihm das Vorgehen der irakischen Armee beraten.

Gerade Beamte und Mitglieder der Baath-Partei sind davon überzeugt, dass auch in diesem Krieg Pläne für den Einsatz verbotener Waffen existieren. Ein Mitarbeiter im Presseministerium fragt mich, ob ich ihm Atropin-Spritzen für seine Familie besorgen könne – eine Substanz, die Körperzellen blockiert, um das Vordringen des Nervengases zu behindern.

Der Mann begründet seinen Wunsch mit der Angst vor drohenden Nervengas-Angriffen der US-Armee. Meinen Einwand, US-Soldaten würden kein Gas einsetzen, lässt er nicht gelten. Ob der Mann, ein Schwager des Außenministers, geschickt wird, um indirekt die Drohung eines Gasangriffes unter Journalisten zu streuen oder ob ihn echte Sorge treibt, kann ich nicht beurteilen.

Auch das Gerücht über den Einsatz chemischer Waffen wird verbreitet, um den Glauben an die eigene Kraft bei der Verteidigung Bagdads zu stärken. Die irakische Führung will nicht nur die USA beeindrucken, sondern auch nach innen allen Zweifeln entgegenwirken. Gerüchte über den Einsatz von Nervengasen sind ein Mittel, um die Bewohner von der Entschlossenheit Saddam Husseins zu überzeugen, die Hauptstadt um jeden Preis zu verteidigen.

Den Republikanischen Garden fällt dabei die Aufgabe zu, den Vormarsch ausländischer Truppen im Vorfeld Bagdads abzuwehren, während Einheiten des Innenministeriums, die sich aus Polizisten, Parteimilizen, Freiwilligen und sogar Feuerwehrleuten zusammensetzen, das Stadtgebiet sichern sollen. Diese Einheiten erhalten auch die Aufgabe, zusammen mit den bewaffneten Komitees der Baath-Partei mögliche Ausgangssperren zu überwachen. Bereits ab Anfang März werden Kontrollposten an Ministerien und Straßenkreuzungen errichtet, um der Bevölkerung Kampfbereitschaft zu demonstrieren und Hoffnungen auf einen Aufstand im Keim zu ersticken.

Die Entschlossenheit Saddam Husseins, auch diesmal nicht einzulenken, wird am 18. März, wenige Stunden nach dem Beginn des Ultimatums von US-Präsident Bush, erneut bekräftigt. Erstmals seit Jahren tritt der irakische Präsident im Fernsehen wieder in Uniform auf – bei einer Sitzung des Revolutionären Kommandorates, der Bushs Forderung nach Rücktritt und Ausreise von Saddam und seinen beiden Söhnen zurückweist. Man handle nicht auf Weisung von Ausländern, sondern entscheide selbst, wer das Land führe, heißt es in einer Erklärung. Außenminister Nadschi Sabri fordert im Gegenzug den Rücktritt des US-Präsidenten und des britischen Premierministers.

Nadschi Sabri bezeichnet George W. Bush und Tony Blair als Kriminelle und Lügner, nennt speziell Bush einen Ignoranten und Idioten. Der Irak sei auf den Krieg vorbereitet, und Präsident Hussein sei siegesgewiss. Sabris Aussagen deuten darauf hin, dass der irakischen Führung die Kraft fehlt, den Krieg durch eine dramatische Entscheidung in letzter Sekunde abzuwenden. So wie der irakische Präsident schon 1991 nicht bereit war, seine Invasionstruppen aus Kuwait abzuziehen, weigert er sich am 18. März, zurückzutreten und mit den Söhnen Udai und Kusai ins Exil zu gehen.

In Drohungen mit Chemieattacken und Selbstmordattentaten sieht das irakische Regime das einzige Mittel, um den Feind aus dem Westen zu verunsichern.

Bagdad und das Ultimatum

Abbas, der Rezeptionist im Sebel-Hotel, steht unter Schock. «Es wird Krieg geben – ich weiß nur nicht, ob heute oder morgen», sagt er. Offenbar hat das Ultimatum von US-Präsident Bush seine Wirkung nicht verfehlt. Die Iraker wissen, dass ein Angriff nicht mehr abzuwenden ist: Der Hussein-Clan wird das Land nicht verlassen.

Viele rechnen mit dem Einschlag der ersten Raketen direkt nach Ablauf des Ultimatums, also in der Nacht zum Donnerstag. Einige, wie Abbas, befürchten sogar, die USA würden bereits vorher angreifen, um ein Überraschungsmoment zu nutzen. Monatelang hatten sich die Menschen gesträubt, die Kriegsdrohungen der USA ernst zu nehmen. Seit 23 Jahren leben sie nun schon mit Kriegen und Drohungen, ohne selbst Einfluss auf die politische Situation nehmen zu können.

So müssen die Iraker zusehen, wie die Mitarbeiter der unterschiedlichen UN-Organisationen evakuiert werden und auch die meisten ausländischen Diplomaten den Irak verlassen. Die 150 Abrüstungsinspektoren der Unmovic fliegen nach Zypern. Sechzehn Wochen haben die Teams im ganzen Irak vergeblich nach Massenvernichtungswaffen gesucht. Die Inspektoren wissen: Ihre Ausreise bedeutet Krieg. Viele sind enttäuscht, dass UN-Generalsekretär Kofi Annan sie zurückgerufen hat.

Iraks Außenminister Nadschi Sabri nennt die Ausreiseanordnung einen «klaren Bruch der Resolution 687 und der Charta der Vereinten Nationen». Doch Unmovic-Sprecher Yasuhiro Ueki bleibt vieldeutig: «Unsere Arbeit ist noch nicht beendet. Bis jetzt haben wir unseren Teil geleistet.» Meint Ueki, dass die US-Streitkräfte den anderen Teil leisten werden? Oder wirft er den USA vor, die Inspektoren an der Fortsetzung ihrer Arbeit zu hindern?

Christian Winter, der diplomatische Vertreter der Schweiz im Irak, bildet mit französischen Diplomaten einen Konvoi, dem sich mehrere Journalisten anschließen. Bereits am Vortag wird die deutsche Botschaft auf Anordnung des Auswärtigen Amtes in Berlin geschlossen. In der von Geschäftsträger Ellner geleiteten Reisegruppe auf dem Weg nach Jordanien befinden sich mehrere Journalisten. Markus Deggerich von «Spiegel-Online» ist hin- und hergerissen, als er den Wagen nach Amman besteigt: «Ich komme mir ein bisschen wie ein Verräter vor, weil ich die Menschen im Stich lasse. Aber ich kann meinen Job auch nicht machen, wenn ich mich zu unsicher fühle.»

Mario Arbesser, ein österreichischer Kunstmaler, kommt am Dienstagmorgen zum letzten Mal in die Stadt. Wochenlang hatte er an den Kreuzungen gesessen und das Leben in der Altstadt in seinen Ölbildern festgehalten. Noch Anfang Februar ist Arbesser die Attraktion für Passanten. Viele blieben jeden Tag aufs Neue stehen, um zu beobachten, wie ein Bild entsteht, an dem er eine Woche arbeitet. Anders als Vertreter der Human-Shield-Bewegung ist er ein scharfer Kritiker der Verhältnisse und nicht bereit, sich von irakischen Offiziellen bevormunden zu lassen. Je näher der Krieg rückt, desto weniger Passanten nehmen Notiz von ihm, wenn er «für den Frieden malt», wie er es nennt.

Dienstagnachmittag besucht Arbesser uns Journalisten im Presseministerium, um sich zu verabschieden. Wir wünschen uns gegenseitig Glück. Dabei unterdrücke ich die Frage, ob er immer noch meint, für den Frieden zu malen. Den Krieg verbringt Arbesser bei einem irakischen Freund in einem Dorf östlich von Bagdad. Wenn er überlebt, will er seine Bilder in Wien ausstellen, sagt er.

In den letzten Stunden vor dem Angriff kommt das Leben in der Stadtmitte langsam zum Stillstand. Da die Durchschnitts-Iraker gewohnt sind, mit Krieg und Kriegsdrohungen umzugehen, ziehen sie sich mit einer gewissen Unaufgeregtheit und Würde in ihre Quartiere zurück. Dort haben sich viele Familien schon seit Monaten auf den Krieg vorbereitet. Auch einer der Gründe, warum auf den Straßen der Wohnviertel kurz vor dem Angriff noch weitgehend das gewohnte Treiben herrscht.

Einige Familien haben in ihren Vorgärten Unterstände gebaut. Sie folgen damit Saddam Husseins Aufforderung, sich gegen Luftangriffe zu schützen. Zwar wissen die Iraker, dass der bevorstehende Krieg alles bisher Erlebte übersteigen soll. Doch Angst, Duldsamkeit und Naivität gehen eine seltsame Verbindung ein. Zwar fürchten die Menschen Bomben- und Raketenangriffe, doch können sie sich keine konkreten Vorstellungen davon machen. Das wahre Ausmaß der Bedrohung bleibt ihnen verborgen, weil im irakischen Fernsehen die feindliche Feuerkraft herunter- und die eigene militärische Stärke hochgespielt wird. Nur wenige haben den Ernst der Lage begriffen.

Dass die wirklichen Gefahren unterschätzt werden, liegt auch an Sonderrationen bei den staatlich zugeteilten Lebensmitteln. Sie beruhigen die Menschen und erwecken den Anschein, der Staat kümmere sich um sie. In einigen Häusern reichen die Vorräte tatsächlich für Monate. In anderen sind die Bestände erbärmlich, denn die Sonderzuteilung ist schon aufgezehrt und das Geld fehlt, um Vorräte auf dem Markt nachzukaufen.

Helfer zwischen den Fronten

Carel de Rooy glaubt, die Lage der Bevölkerung im Frühjahr 2003 sei nicht so gut wie vor dem Kuwait-Krieg: «Im Großen und Ganzen waren die Iraker 1991 besser ausgestattet, um eine Krise durchzustehen», sagt mir der Vertreter des Kinderhilfswerks Unicef im Irak eine Woche vor Kriegsbeginn. In den vergangenen zwölf Jahren sei die Arbeitslosigkeit gestiegen, während die Gehälter deutlich sanken.

Unicef versucht praktisch bis zur letzten Minute, die Kinder für den Krieg aufzupäppeln – was natürlich sinnvoll ist, mir aber auch pervers vorkommt. In einem Sofortprogramm verteilt das Hilfswerk besonders proteinhaltige Kekse und angereicherte Milch, um die Widerstandskräfte der 400 000 unterernährten Kinder zu steigern. Sie sollen noch schnell an Gewicht zulegen, um nicht wie 1991 Epidemien zum Opfer zu fallen, die in der Spätphase des Krieges oder den Nachkriegswirren entstehen. Zusätzlich werden die Kinder in einer vorgezogenen Aktion landesweit gegen Kinderlähmung und Masern geimpft. Für die Kriegszeit bereitet das Kinderhilfswerk eine Trinkwasser-Notversorgung vor. Wenn Wasserwerke oder Leitungssysteme ausfallen, kann Wasser aus dem Tigris mit Chlortabletten aufbereitet und in den Problemvierteln Bagdads verteilt werden.

Für Marcus Dolder, Delegationsleiter des Internationalen Komitees vom Roten Kreuz (IKRK), ist die Vorausplanung humanitärer Einsätze eine neue Tendenz und eine Lehre aus dem Balkan-Krieg. «Ohne massive Vorbereitungen – vor allem ohne große Logistik – kann man bei schwierigen klimatischen Bedingungen keine Hilfe leisten», sagt mir Dolder. «Das betrifft das Material, aber auch die Fachleute.»

Ob die Pläne im Ernstfall wirklich greifen und die Not verhindern oder lindern, hängt vom Verlauf des Krieges ab. Im Irak konzentrieren sich die internationalen Hilfsorganisationen auf akute medizinische Hilfe, die Notversorgung mit Trinkwasser und die Lagerung von Materialien zur Unterstützung von Flüchtlingen und Vertriebenen. Schon bei der Lagerung von Blutkonserven wird deutlich, dass Hilfe nur begrenzt möglich ist. Das irakische Gesundheitsministerium verweigert dem Verbindungsarzt des IKRK Informationen über die Reserven im Land, und so kann er die Nothilfe nur ungenau planen.

Doch noch schwieriger ist es abzuschätzen, was an humanitärer Hilfe für den Krieg nötig ist. Aus der Vorkriegs-Propaganda lassen sich unterschiedliche Szenarien ableiten, so dass die Planung von Hilfseinsätzen auf ganz neue Weise erschwert wird. Entsprechend variieren die Zahlen. Die Vereinten Nationen rechnen einem vertraulichen Bericht zufolge mit etwa 100 000 Toten allein bei den Luftangriffen. Nichtregierungsorganisationen aus dem Verband der Entwicklungspolitik wollen wissen, dass es «möglicherweise 200 000 Tote und Verletzte» geben wird, die Hälfte davon in Bagdad.

UN-Mitarbeiter gehen davon aus, dass nach Kriegsbeginn zwei Millionen Iraker ihre Wohnungen und Häuser verlassen und fliehen. Andere Hilfsorganisationen schätzen, dass 600 000 Iraker sofort versuchen werden, die Grenzen nach Jordanien, Syrien, Kuwait, zur Türkei und vor allem zum Iran zu überschreiten – eine Zahl, die schnell anwachsen könne, wenn der Konflikt länger dauere oder Saddam Hussein den Einsatz chemischer oder biologischer Waffen befehle.

Angesichts der unsicheren Schätzungen kommen mir die Maßnahmen der Hilfsorganisationen äußerst problematisch vor. Im großen Maßstab bereiten sie sich darauf vor, Flüchtlinge an den irakischen Grenzen aufzufangen und unterzubringen. So errichtet der iranische Rote Halbmond in Zusammenarbeit mit anderen Hilfswerken schon im Herbst 2002 zehn Zeltstädte für 200 000 Flüchtlinge im Grenzbereich. Das scheint mir den Bedarf weit zu übersteigen. Ist dies eine indirekte Botschaft, dass der Iran den US-Feldzug gegen sein Nachbarland zumindest nicht aktiv behindern will? Nur Diplomaten, aber keine Journalisten, dürfen die fertigen Camps besichtigen, was meinen Verdacht nur noch bestärkt. Auch die Türkei, die später den US-Aufmarsch über ihr Staatsgebiet in den Nordirak verhindert, baut sechs Flüchtlingscamps in der Osttürkei, sechs im Nordirak und sechs in Grenznähe. An der jordanischen Grenze werden ebenfalls mit großem Aufwand Auffanglager errichtet.

Gleichzeitig stellen sich das Flüchtlingshilfswerk der Vereinten Nationen und diverse andere Hilfswerke wie Rotes Kreuz und Roter Halbmond darauf ein, Nahrung, Medikamente und andere Hilfsgüter an Millionen von Irakern zu verteilen, deren Lebensgrundlage durch den Krieg zerstört werden könnte. Die Vorbereitungen kosten Millionen, ohne dass klar ist, ob die Prognosen der Hilfsorganisationen annähernd realistisch sind.

In Bagdad kommen mir in den Tagen vor dem Angriff Zweifel an den Planungen, vor allem an den Maßnahmen zur Bewältigung der befürchteten Flüchtlingsströme. Mit ihren Zeltstädten scheinen die Helfer schlichtweg zum Krieg einzuladen – es ist ja für alle

Eventualitäten gesorgt. Wie sich später herausstellt, werden die Zeltstädte umsonst aufgebaut.

Möglicherweise versuchen manche Helfer, sich auf Basis aufgeblähter Schätzungen über den erwarteten Hilfsbedarf staatliche Gelder zu sichern. Gleichzeitig drängt sich mir der Verdacht auf, dass die Hilfsvorbereitungen auch dazu beitragen, die Schwelle für den Beginn des Krieges zu senken. Es kann der Eindruck entstehen, die durch einen US-Angriff ausgelöste humanitäre Katastrophe sei beherrschbar. Leider gelingt es mir nicht, dieses Problem mit Elias Bierdel, dem Vorsitzenden von Cap Anamur bei dessen letztem Irak-Aufenthalt vor Beginn der Angriffe zu erörtern. Auch Marcus Dolder, der Delegationsleiter des IKRK in Bagdad, nimmt zu meinen Bedenken keine Stellung. Er ist sich aber völlig klar darüber, in welches Dilemma sich die internationalen Hilfsorganisationen begeben, wenn sie sich bereits vor Beginn eines bewaffneten Konfliktes damit beschäftigen, wie sie dessen Folgen lindern können.

Statt aus ungesicherten Prognosen aufgeblähte Bedarfszahlungen abzuleiten, um sich möglichst große öffentliche Zuwendungen zu sichern, bemüht sich Dolder um eine bessere Erfassung existierender Hilfspotentiale, damit die, wenn nötig, ohne großen Zeitverlust genutzt werden können.

Mir scheint, ein solches Vorgehen kann die Gefahr des politischen Missbrauchs der Hilfsorganisationen durch die Konfliktparteien verringern. Gleichzeitig wird der finanzielle Handlungsspielraum besser ausgenutzt.

Bereits vor Beginn des Irak-Krieges wird deutlich, dass internationale Hilfsorganisationen immer stärker in die Planungen der Kriegsparteien einbezogen werden und dass ihre Arbeit dazu dient, bestimmten Szenarien Nachdruck zu verleihen und die Entwicklung des Krieges noch vor dem ersten Bombardement zu beeinflussen.

So ist es kein Zufall, dass die US-Regierung versucht, die internationalen Hilfsorganisationen ganz direkt zu instrumentalisieren.

Von einem eigenen Zentrum in Kuwait aus, so der Wunsch der Amerikaner, soll die humanitäre Hilfe zentral gesteuert werden. Parallelen zum Modell der eingebetteten («embedded») Journalisten sind erkennbar. Die US-Militärs versuchen, mit Hilfe der unter dem Dach und der Aufsicht der Truppen arbeitenden Journalisten die Kriegsberichterstattung zu lenken oder zumindest zu beeinflussen. Das bedeutet für die betroffenen Kollegen nicht allein, dass sie nur eingeschränkt berichten können. Ebenso besteht die Gefahr der emotionalen Parteinahme.

Auch die Hilfsmaßnahmen wollen die USA ihren Zielen unterordnen. Selbst eine unabhängige Kontrolle durch die Vereinten Nationen erscheint den USA schon als Einmischung in ihre Irak-Politik. Die meisten Hilfsorganisationen verweigern sich zum Glück diesem Ansinnen. Sie wissen, dass ihre Arbeit sonst für die Durchsetzung militärischer Strategien und politischer Ziele im Irak-Krieg missbraucht werden könnte.

Schock und Einschüchterung

In wenigen Stunden läuft das Ultimatum ab. Unter welchen Bedingungen werden wir in den nächsten Tagen arbeiten können? «Wir nehmen euch als menschliche Schutzschilde», sagt Kasem Tai, Direktor des Pressezentrums im irakischen Informationsministerium, und findet seinen Formelvers auch noch witzig. Trotz meines Drängens erlaubt er mir nicht, Geräte ins Hotel auszulagern. Selbst die Nabelschnur zur Außenwelt, das Satelliten-Telefon, soll nachts im Ministerium bleiben. Dabei haben Mitarbeiter im Pentagon gegenüber den großen US-Fernsehanstalten keinen Zweifel daran gelassen, dass Bagdads Informationsministerium einen prominenten Platz im Zielverzeichnis des Bomben- und Raketenkrieges einnimmt.

Kollegen, die im ebenfalls als Ziel genannten Hotel Raschid nächtigen, sind bereits umgezogen oder gleich nach Jordanien ausgereist. Einige von ihnen hatten ohnehin vor, in den Stunden vor dem Angriff abzufahren, andere werden in letzter Minute zurückgerufen. Doch viele verlassen den Irak auch in Panik oder verschwinden heimlich, weil sie dem wachsenden Druck nicht mehr standhalten wollen oder können.

Mit dem Ablauf des Ultimatums schließt sich das Zeitfenster für die Ausreise. Mehrfach telefoniere ich in diesen Stunden mit ZDF-Chefredakteur Nikolaus Brender. Er plädiert dafür, dass ich den Irak verlasse, da das Risiko nicht mehr kalkulierbar sei. Es kostet einige Überredungsversuche, bis er mir freistellt, in der Hauptstadt zu bleiben.

Meine Motivation ist klar, ich möchte den Verlauf des Krieges und den Sturz Saddam Husseins aus Bagdad beschreiben. Am Ausgang des Krieges habe ich nicht die geringsten Zweifel. Schwierig ist nur die Prognose des Verlaufs. Seit Tagen skizziere ich den Kolleginnen und Kollegen in Mainz meine Haltung. Der beste Schutz sei vorsichtiges Auftreten, lautet mein Standardargument. Natürlich lasse sich ein Restrisiko nicht ausschließen, durch gute Planung und Vorbereitung könne ich es aber minimieren. Ein erster wichtiger Schritt sei die Wahl des richtigen Hotels.

Mit Ingrid Formanek, einer Producerin von CNN, überlege ich Alternativen zum «Hotel Raschid», das bereits im Kuwait-Krieg 1991 unser Zentrum war. Im «Palestine» sehen wir ein geeignetes Ausweichquartier. Es liegt auf der östlichen Seite des Tigris, also nicht im Regierungsviertel, und steht auch nicht wie das Raschid im Ruf, in den Untergeschossen eine Zentrale des irakischen Geheimdienstes zu beherbergen.

Wichtig für grünes Licht aus Mainz ist auch, dass CNN genau wie die britischen Sender BBC, ITN und Sky News in Bagdad bleibt und nicht den US-Networks auf dem Weg über die Grenze folgt. Vor allem die Anwesenheit der Sender interpretiere ich als Zeichen, dass das Informationsministerium in den ersten Kriegstagen nicht angegriffen wird. Die Schonfrist muss jedoch genutzt werden: Das «Palestine» soll nicht nur als Schlafplatz dienen, sondern zum neuen Medienzentrum werden. Antonia Rados, die für RTL aus Bagdad berichtet, rät uns zur Besonnenheit. Sie meint, wir könnten das Problem in Ruhe lösen, sobald klar sei, wer bleibe und wer nicht. Jetzt den Umzug lautstark zu fordern könne negative Folgen für die Arbeit der Journalisten haben.

Die Wahl des Hotels und der Aufbau eines neuen Pressezentrums ist die erste von vielen Hürden, die wir Journalisten nehmen müssen, um während des Krieges ein Minimum an Berichterstattung zu sichern. Denn das Informationsministerium gilt nicht nur als Angriffsziel für US-Militärs, es ist zugleich eine Art Falle. Die Bemerkung über Journalisten als menschliche Schutzschilde, an der Direktor Tai so großen Gefallen findet, mag man als Sarkasmus abtun – doch ganz real erscheint die Gefahr, im Ministerium kaserniert oder sogar eingeschlossen zu werden.

Informationsminister Mohammed Said al-Sahaf, der später als «Comical Ali» bekannt wird, spielt vermutlich genau mit dieser Idee. Noch ist er pressescheu. Mehrfach treibt er Bedienstete mit Ohrfeigen an, um die Baumaßnahmen am Ministerium zu beschleunigen. Gruppen von Maurern und Tagelöhnern errichten eine Bürogalerie, die dem Ministerium im Schnellverfahren wabenartig vorgelagert wird. Die einzelnen Büros wären eine Art Kugel- und Splitterfang, und sie können dank ihrer Eisengitter auch zu Zellen umfunktioniert werden.

Sollen Journalisten nun Schutzschilde, Geiseln oder Opfer von Chemieangriffen werden – oder sterben sie gar im Inferno alliierter Luft- und Raketenangriffe? Wie realistisch sind die Szenarien tatsächlich, die uns die amerikanische und irakische Propaganda weismachen wollen?

Eines scheint offensichtlich: Je massiver die Einschüchterungsversuche durch den von Amerika angedrohten Einsatz modernster Waffensysteme werden, desto brutalere und unkonventionellere Gegenwehr kündigt der Irak an. Aber das Land, das seit den siebziger Jahren die Militärtaktik und -ausrüstung der untergegangenen Sowjetunion genutzt hat, kann gar nicht so schnell neue taktische

Methoden entwickeln und anwenden, die auf einer Mischung von Guerillakampf und Terrorismus basieren.

So gewinne ich langsam den Eindruck, dass im Vorfeld der Kämpfe ein psychologischer Krieg inszeniert wird. Denn sollten beide Seiten ihre angedrohten Szenarien tatsächlich wahr machen, hätten die Kollegen, die in den letzten Stunden vor Ablauf des Ultimatums ausreisen, das einzig Richtige getan.

Bei meiner Entscheidung, in Bagdad zu bleiben, baue ich darauf, dass das Gastrecht im Irak Saddam Husseins immer noch mehr zählt als das Interesse einzelner Minister, Geiseln zu nehmen. Ich rechne damit, dass irakische Offiziere den Befehl verweigern, wenn sie angewiesen werden, Gas gegen vorrückende US-Truppen einzusetzen. Genauso wenig kann ich glauben, dass US-Offiziere den Krieg mit einem Bomben- und Raketeninferno einleiten, bei dem hunderttausend Zivilisten sterben könnten.

Die Hilfsorganisationen laufen Gefahr, Teil der Inszenierung des Pentagons zu werden. Denn der systematische Bau von Flüchtlingslagern wird im Irak sehr wohl registriert und als Vorbereitung auf die schlimmen Folgen des Krieges bewertet. Das Angriffsszenario der USA erscheint damit nur umso plausibler, und die US-Militärs können den Bau der Flüchtlingslager nutzen, den Druck auf die irakische Führung zu erhöhen. Dieser wird es schwer fallen, der eigenen Bevölkerung zu erklären, bei den Andeutungen von US-Generalstabschef Myers über fürchterliche Luftangriffe handele es sich um Propaganda. Die Menschen müssen davon ausgehen, dass es tatsächlich Ziel der USA ist, den Irak bei Kriegsbeginn in eine Art Schockzustand zu versetzen.

Oder ist es möglicherweise doch falsch, diese Drohungen wörtlich zu nehmen? Die Strategie von «Schock und Einschüchterung», mit der die gegnerische Kampfmoral untergraben werden soll, darf nicht auf den Einsatz gewaltiger Feuerkraft reduziert werden. Sie ist im Vorfeld des Irak-Krieges verkürzt dargestellt worden. Das Konzept soll einem Pentagon-Papier von 1996 zufolge den Gegner so nachhaltig von der Stärke des US-Militärs überzeugen, dass er «keine andere Möglichkeit hat, als unsere strategischen und militärischen Ziele zu akzeptieren».

Die Strategen sehen im Shock-and-Awe-Konzept eine Reaktion auf die Zeit nach dem Kalten Krieg. Den USA, glauben sie, gibt ihre militärtechnische Überlegenheit allein keine Garantie mehr, Konflikte in ihrem Sinne zu entscheiden. Mit «Schock und Einschüchterung» sollen der Wille und die Wahrnehmung des Gegners so stark beeinflusst werden, dass er unfähig wird, zu agieren oder zu reagieren. Eine zahlenmäßige Unterlegenheit der US-Truppen kann durch einen deutlichen Vorteil in der Militärtechnologie, im Training und in der Schnelligkeit ausgeglichen werden.

Im Konzept heißt es martialisch: «Paralysieren, Schockieren, Entnerven, Verhindern, Zerstören». Ein Angriffsstil, der ähnlich demoralisierend wirken soll wie der Abwurf der beiden Atombomben auf Hiroshima und Nagasaki, mit dem der Zweite Weltkrieg schrecklich zu Ende ging.

«Schock und Einschüchterung» kommt mir vor wie psychologische Kriegführung auf einem neuem Niveau. Das Konzept empfiehlt den massiven Einsatz von Täuschungen, Lügen und Falschinformationen – und genau diese Mittel haben die US-Militärs nie zuvor so ausgiebig genutzt wie im Irak-Krieg.

Kapitel 3

DER ANGRIFF

Eine lähmende Angst breitet sich in Bagdad aus. In wenigen Stunden läuft das Ultimatum von US-Präsident Bush ab, die Menschen warten auf den seit Tagen angekündigten Angriff. Schon am frühen Nachmittag schließen die meisten Supermärkte, auch der Verkehr kommt langsam zum Erliegen. Die wenigen Autofahrer, die noch unterwegs sind, scheinen sich verkrampft ans Lenkrad zu klammern. Keine Spur von den jungen Irakern, die so betont lässig die Limousinen ihrer Väter durch die Straßen der Hauptstadt steuern, um Zeit totzuschlagen. Viele Einwohner sind aus Furcht vor den Bomben und Raketen der Amerikaner bereits aus der Stadt geflohen. Nur ein paar Nachzügler nutzen die verbleibenden Stunden, um sich bei Verwandten auf dem Land in Sicherheit zu bringen.

Zu meiner Überraschung sitzen die Alten auch an diesem späten Mittwochnachmittag im Teehaus «Al Sahawi», das am Ende der fast menschenleeren Raschid-Straße mitten im alten Basar-Viertel liegt. Auch sie haben Angst vor der Nacht, und wie üblich redet keiner von ihnen offen. Sogar untereinander schweigen sie, mir kommt es vor, als beginne ein nervöses Abtasten. Gerade die Alten scheinen zu ahnen, dass der bevorstehende Angriff eine völlig neue Zeit bringen wird. Aber so ganz können sie noch nicht glauben, dass die Amerikaner ihrer Kriegsrhetorik auch Taten folgen lassen. Irak angreifen – das haben sie schließlich schon einmal vor zwölf Jahren getan. Aber Bagdad erobern?

Auch Ali Hussein Ali, mein Fahrer, ist völlig verunsichert. Wie viele andere Iraker wünscht er sich politische Veränderungen. Doch es bleibt die Furcht, der Krieg sei ein zu hoher Preis für den Sturz Saddam Husseins. Während der Kämpfe will Ali ins «Hotel Palestine» ziehen, in dem inzwischen fast alle ausländischen Journalisten wohnen. Er selbst fühle sich etwas sicherer, sagt er, doch die Trennung von seiner Familie mache ihm zu schaffen. Ali versucht aber, sich nichts anmerken zu lassen. Weil er weiß, dass mein Team noch am Abend ausreist und ich allein zurückbleibe, will er mir Mut machen. Sollte es wirklich gefährlich werden, verspricht er, würden mich die Iraker, die für das ZDF arbeiten, in Sicherheit bringen. Als wir durch die verlassene Sadounstraße zurück ins «Palestine» fahren, geht die Sonne unter – das letzte Mal vor Kriegsbeginn.

Es wird eine unruhige Nacht, ich schlafe schlecht. Um kurz nach halb fünf schlagen die ersten Raketen und lasergesteuerten Bomben in Bagdad ein. Aus dem Fenster meines Zimmers im fünfzehnten Stock erkenne ich im Süden der Stadt Rauch- und Staubwolken und überlege, welches Ziel wohl getroffen wurde. Mir kommt der Luftwaffenstützpunkt Raschid in den Sinn, aber sicher bin ich nicht. Als keine weiteren Angriffe folgen, bin ich erleichtert – aber auch ratlos. Eines ist klar: Das wochenlang angekündigte Inferno, das Bombardement, das «Schock und Einschüchterung» bringen sollte, ist ausgeblieben.

Im Kollegenkreis vergleichen wir unsere Eindrücke und zählen etwa zwanzig Einschläge. US-Generalstabschef Myers wird später behaupten, am ersten Morgen des Irak-Kriegs hätten US-Kriegsschiffe im Roten Meer und im Persischen Golf fast vierzig Marschflugkörper vom Typ «Tomahawk» abgeschossen, zwei F-117-Tarnkappenbomber hätten mehrere bunkerbrechende Bomben abgeworfen, jede eine Tonne schwer.

Das Bombardement, dessen Stoßrichtung ich noch nicht verstehe, nennt US-Präsident Bush vage einen Angriff auf «ausgewählte

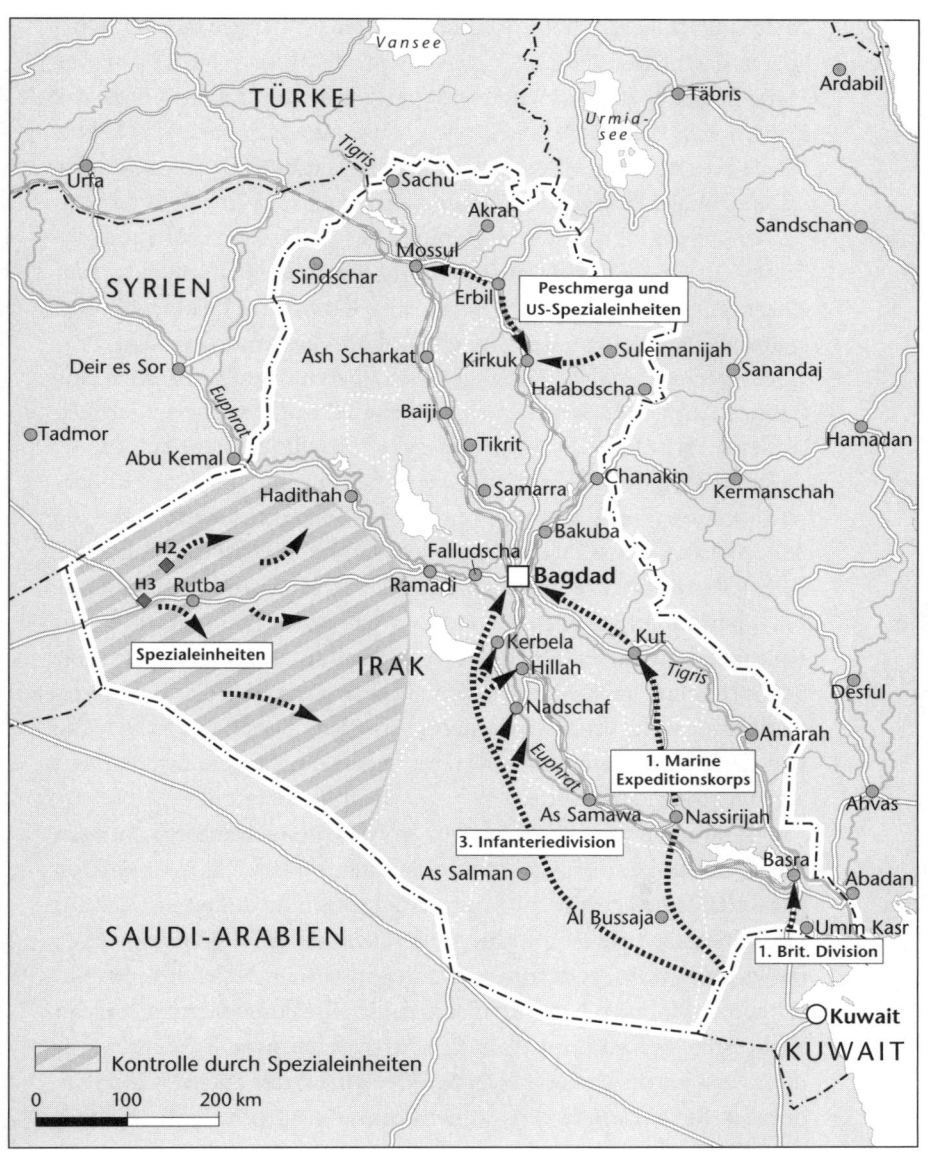

Ziele von militärischem Wert». Sein Verteidigungsminister wird später deutlicher: «Es ist keine Frage, dass der Angriff auf das Hauptquartier der Führung erfolgreich war. Wir haben Fotos, die zeigen, was passiert ist. Die Frage ist nur, was drin war.» Wir haben getroffen, soll das wohl heißen. Nur was und wen: Das kann – oder will – Donald Rumsfeld nicht sagen.

Der Angriff habe einem Treffen der irakischen Führung gegolten, an dem Saddam Hussein und seine beiden Söhne Udai und Kusai teilgenommen hätten, wird kurz darauf in Washington und später weltweit verbreitet. Angeblich hatte der amerikanische Präsident persönlich den Befehl gegeben, die vier Bunkerbrecher einzusetzen. Systematisch streuen Mitarbeiter des Pentagons Gerüchte, der Angriff habe hochrangige irakische Militärs getötet.

Die Wahrheit wird erst Wochen später bekannt, als eine Sonderkommission der US-Armee auf dem Gelände eintrifft, das die Amerikaner «Dora Farms» nennen. «Wir haben hier nach Bunker-Anlagen gesucht, nach menschlichen Überresten und anderen Spuren», beschreibt US-Offizier Tim Madere seinen Auftrag. Auf dem Palastareal im Süden der Hauptstadt, das nur wenige Kilometer von den belebten Stadtteilen entfernt hinter einer Schleife des Tigris liegt, finden die amerikanischen Ermittler nur riesige Krater, die von den Bombeneinschlägen stammen. «Keine unterirdischen Anlagen, keine Leichen.»

Das ist nicht weiter verwunderlich. Wie meine Nachforschungen im Mai in Bagdad ergeben, hatte sich die irakische Führungsgarde zur Zeit des Angriffs nicht in den Dora Farms aufgehalten. Saddam Hussein versteckte sich während des Krieges im 400 Quadratkilometer großen Palastgelände al-Radwanija in der Nähe des internationalen Flughafens, der den Namen des Präsidenten trägt und im Südwesten der Hauptstadt liegt – knapp zwanzig Kilometer von den Dora Farms entfernt. Die Schlupfwinkel der anderen Mitglieder des Revolutionären Kommandorates sind über ganz Bagdad verteilt.

Einige von ihnen waren im Dschadrija-Viertel untergetaucht, wo sich mehrere palastartige Villen von Angehörigen des Hussein-Clans befinden. Dort, am Tigris-Ufer, liegt auch der Yacht-Club, in dem Saddams ältester Sohn Udai seine Orgien feierte und in dessen Gemächern noch Ende Februar eine angetrunkene Miss Deutschland die Nacht verbrachte. Rechtzeitig vor Kriegsbeginn hatte Udai längst seinen Aufenthaltsort verlegt. Seit Mitte März lebt er in einer nahe gelegenen, unscheinbaren Villa und verzichtet darauf, einen seiner protzigen Sportwagen zur Schau zu stellen. Um unerkannt zu bleiben, lässt er sich in einem Kia durch die Stadt chauffieren, sagt Tomataou J. Jukhana. Der Mann, der für Udai eine Mischung aus Leibpfleger, Kammerdiener und väterlicher Freund war, erzählt mir im Mai, wie der Präsidentensohn die ersten Kriegstage erlebte.

Seinem Bericht zufolge ist den Regimeoberen völlig klar, dass ihre Paläste als erste im Visier der Amerikaner liegen. Udai habe Tomataou noch in der Nacht vor den ersten Angriffen davor gewarnt, seine persönlichen Dinge aus Udais Palast zu holen, weil dieser, ebenso wie die anderen Prunkvillen der Präsidentenfamilie, beschossen werden könne. «Tima», wie er im Umkreis Udais genannt wird, bleibt bis zur Eroberung Bagdads mit Udai zusammen, eine Zeit, in der sich Saddams Familie größte Mühe gibt, unerkannt zu bleiben. So zieht Udai die Kafia, das arabische Kopftuch der Männer, tief ins Gesicht, wenn er in seinem Kia durch die Straßen Bagdads gefahren wird. Auch Vater Saddam und Bruder Kusai nutzen ganz normale Fahrzeuge, denen man ihr Alter ansieht. Kusai taucht immer wieder in Toyotas oder einem Peugeot auf. Saddam sitzt manchmal sogar selbst am Steuer eines jener Pick-ups, mit denen sonst die Bauern ihre Waren auf die städtischen Märkte fahren.

Die Nacht des ersten Angriffs verbringt Udai in seinem Versteck und nimmt keineswegs, wie das Pentagon suggeriert, an einem Treffen der Staatsführung teil. Tomataou, der Udai in einer 24-stündigen Wechselschicht betreut, seit dieser 1996 durch ein Attentat schwer verletzt wurde, erzählt mir, er habe den Präsidentensohn während des Bombardements im Morgengrauen sogar erst wecken müssen. Udai hatte den Angriff auf der gegenüberliegenden Seite des Tigris zunächst gar nicht bemerkt.

Als dann keine weiteren Bomben gefallen seien, habe Udai zunächst nicht glauben wollen, dass der Krieg schon begonnen hatte. Udais Verwunderung ist ein Hinweis darauf, dass auch die irakische Führung für den Auftakt des Krieges eine massive Bombardierung befürchtete und der Propaganda des «Shock and Awe» teilweise aufgesessen war. Tomataou erzählt mir auch, dass Udai – anders als er selbst – von einem Angriff der USA fest überzeugt war. Udai habe ihn sogar zu einer Wette gedrängt und eine Million Dinar (umgerechnet eintausend US-Dollar) gegen eintausend Dinar von Tima gesetzt.

Während ich am morgen danach versuche, die Ereignisse der ersten Bombennacht zu rekonstruieren, kommt es mir vor, als sei die Operation keineswegs so kurzfristig angesetzt worden, wie von Pentagon und Generalstab behauptet. Der offiziellen Sprachregelung zufolge hatte CIA-Chef George Tenet Präsident Bush unterrichtet, er habe Informationen über den Aufenthaltsort der irakischen Führung. Der Präsident, so heißt es, habe den Angriffsplan für den ersten Kriegstag sofort geändert, um die «günstige Gelegenheit» auszunutzen. «Flexibilität» wird zur Parole der Stunde: Verteidigungsminister Rumsfeld lobt, das US-Kommando habe durch den Angriff «Flexibilität» bewiesen. US-Generalstabschef Richard Myers sekundiert seinem Dienstherrn, militärische «Flexibilität» sei der Schlüssel zum Sieg. Die Welt habe dies beim Angriff auf das Palastgelände gerade erlebt.

Das neue Zauberwort erlaubt den USA nicht nur, ihren Gegnern zu suggerieren, man könne auf veränderte Gegebenheiten oder neue Erkenntnisse blitzschnell reagieren. Es könnte auch dabei geholfen haben, zu kaschieren, dass diese Operation möglicherweise ein ganz anderes Ziel verfolgte.

Aus heutiger Sicht erscheint mir klar, dass die Amerikaner hauptsächlich auf symbolische Wirkung gezielt haben. Der Einzelschlag sollte aller Welt und vor allem den Irakern zeigen, dass erstmals Saddam Hussein höchstpersönlich im Fadenkreuz der Angriffe steht. Zugleich war er ein Signal an die Zivilbevölkerung, dass sich der Krieg nicht gegen sie richtete. Hätte die Koalition den angekündigten Feuersturm auf Bagdad und die anderen irakischen Städte gleich in der ersten Kriegsnacht ausgelöst, wäre diese Botschaft im Bombenhagel untergegangen.

Heute bin ich mir sicher, dass das Pentagon über unterschiedliche Szenarien verfügt, die es je nach Entwicklung verfolgt oder fallen lässt. Durch eine geschickte Kommunikationspolitik werden den Medien Einzelheiten zugespielt, um die Erwartungen der Öffentlichkeit in eine bestimmte Richtung zu lenken. Das Pentagon bestätigt die Berichte über seine angeblichen Pläne dann nur selten. Werden Erwartungen enttäuscht, hat das Pentagon den Überraschungseffekt auf seiner Seite und muss sich nicht vorwerfen lassen, es habe Falschinformationen in die Welt gesetzt.

Wie sehr die USA den Eindruck erwecken wollen, der Krieg richte sich allein gegen die irakischen Machthaber, verrät Verteidigungsminister Rumsfeld bei seinem ersten Auftritt nach Kriegsbeginn: «Eure Befreiung steht kurz bevor», verkündet er. «Die Streitkräfte werden alles tun, um unschuldige Zivilisten zu schützen.» Seine Worte richten sich dabei nicht an die achtzig Journalisten, die im Presseraum des Pentagons ausharren, sondern unmittelbar an die Iraker: «Bleibt zu Hause, sobald die Kämpfe beginnen. Schaltet den Radiosender der Koalition ein und befolgt die Anweisungen, wie ihr euch schützen und aus den Kampfhandlungen heraushalten könnt.» Rumsfelds Rede wird praktisch zeitgleich ausgestrahlt – nicht nur über die im Irak verbotenen Fernsehsender CNN und al-Dschasira, sondern auch durch amerikanische Spezialflugzeuge, die Radioprogramme in arabischer Sprache verbreiten.

Für ihre perfekte Inszenierung müssen die Amerikaner heftige Kritik einstecken. Nachdem der Angriff auf die leer stehenden Dora Farms von Militärs und Medien zum «Enthauptungsschlag» stilisiert worden war, wird nun allenthalben dessen Erfolglosigkeit gerügt: «Nichts lief, wie es die Auguren des Pentagon angekündigt hatten. Statt eines zweitägigen Feuerzaubers verfehlten rund vierzig Cruise Missiles und zwei Tarnkappenbomber vom Typ F-117 in der Nacht zum Donnerstag das wichtigste Kriegsziel – Saddam Hussein und seine engsten Vertrauten», kommentiert ein deutsches Nachrichtenmagazin süffisant. Donald Rumsfeld hatte bei seiner Botschaft an die irakischen Soldaten aber nur erklärt: «Er wird bald verschwunden sein.» Wer so redet, dürfte davon ausgehen, dass der irakische Diktator zu diesem Zeitpunkt noch am Leben ist und der Angriff auf die Führung zumindest ein Fehlschlag war.

So kann es kein Zufall gewesen sein, dass nur ein unbedeutendes und leer stehendes Palastgelände getroffen wurde – und nicht ein Führungsbunker, wie der Pentagon-Chef behauptet. Zumal die Führung zu diesem Zeitpunkt längst begriffen hatte, dass sie sich von den eigenen Palästen fern halten musste, wie Udais Äußerung gegenüber seinem Adlatus belegt. Möglicherweise hätte der Tod Saddams auch gar nicht in die Inszenierung des Krieges gepasst, weil er die seit Monaten geplanten großen Luftangriffe und den Einmarsch überflüssig gemacht hätte. Die USA hätten nur unter größten Schwierigkeiten begründen können, warum sie die Eroberung des Iraks fortsetzten, nachdem der Diktator getötet wurde.

Saddam Hussein begreift sofort, welche große Gefahr der gut dosierte «Enthauptungsschlag» für ihn darstellt. Drei Stunden später ruft er in einer Ansprache, die einer seiner Wächter mit einer kleinen Video-Kamera aufgenommen hat, zum «Heiligen Krieg» auf. Wegen der miserablen technischen Qualität müssen die Aufnahmen vor der Ausstrahlung nachbearbeitet werden. Da der Präsident keinen Teleprompter nutzen kann, wird er im irakischen Fernsehen erstmals mit einer Lesebrille gezeigt.

Ein Mitarbeiter des irakischen Informationsministeriums erzählt mir nach Ende des Krieges, wie ungehalten sein Minister Mohammed Said al-Sahaf war, dass er den Präsidenten nicht in gewohnter Form präsentieren konnte. Irakische Kollegen, die der Ansprache im Fernsehen folgen, sind überrascht, wie abgespannt Saddam Hussein wirkt. Dies liegt jedoch nicht nur an Schlafmangel und wachsendem Druck. Anders als bei den sonstigen Auftritten kann Saddams Maskenbildnerin Sadscha Sajid ihn vor der Aufnahme nicht kosmetisch verjüngen. Saddam Hussein muss seine gewohnte Eitelkeit zurückstellen, um mit einem schnellen Auftritt Spekulationen entgegenzutreten, er sei beim Angriff schwer verletzt worden oder gar umgekommen. Er will unbedingt zeigen, dass er noch handlungsfähig ist.

Doch vergebens: Der angeblich auf Saddam gezielte Angriff und dessen akribische Vermarktung bringen den Koalitionstruppen einen bedeutenden psychologischen Vorteil. Ein Pentagon-Beamter bemerkt gegenüber US-Journalisten zufrieden: «Auf Saddam zu zielen, hat sich schon deshalb gelohnt, weil mit dem Versuch eine Botschaft transportiert wird – egal, ob er getroffen oder verfehlt wurde.»

Eine solche Botschaft zu vermitteln ist deshalb so wichtig, weil die Mehrheit der Iraker in Saddam Hussein einen Komplizen und Günstling der US-Politik sieht. Diese Einschätzung gründet auf Erfahrungen, die im Ausland oft nicht zur Kenntnis genommen werden: Hunderttausende Iraker trauern bis heute um Familienangehörige, die im März 1991 dem Aufruf des damaligen US-Präsidenten George Bush gefolgt sind, sich gegen Saddam Hussein zu erheben, und dann allein gelassen wurden. Für sie gibt es keinen Grund, dem jetzigen US-Präsidenten George W. Bush, seinem Sohn, zu vertrauen.

Die Ermordung von Zehntausenden Schiiten und Kurden, die von den USA vor zwölf Jahren zum Aufstand gegen die Zentralregierung in Bagdad ermuntert wurden, ist für viele Iraker nur die letzte Episode einer vierzigjährigen Kollaboration zwischen Saddam Hussein und den USA. Für sie beginnt dieser Pakt mit dem Putsch der Baath-Partei gegen die prosowjetische Regierung von General Abdel-Karim Kassem im Jahr 1963. Auch Saddams Aufstieg in der Baath-Partei, meinen viele Iraker, sei von den USA gefördert worden. Saddam habe sich auch mit seinem Angriff auf Iran im September 1980 als willfähriges Werkzeug zur Durchsetzung der US-Interessen in der Region erwiesen. Über die Zusammenarbeit zwischen den USA und der Regierung von Saddam Hussein während des Iran-Krieges bestehen heute keine Zweifel. Saddam Hussein wurde damals mit amerikanischen Geheimdienst-Informationen versorgt. Für seine Aufrüstung mit biologischen Waffen lieferten die USA vor allem Anthrax-Sporen, ohne die der Irak in solch kurzer Zeit niemals einsatzfähige Waffen hätte produzieren können.

Selbst den Kuwait-Krieg betrachten manche Gegner Saddam Husseins als eine Verschwörung ihres Präsidenten mit den USA. Für sie steht fest, dass nur durch die Politik Saddam Husseins die US-Dominanz in der Region möglich geworden ist. Die Verschwörungstheoretiker sehen sich durch die vorzeitige Beendigung des Kuwaitkrieges bestätigt. Schließlich wurde Saddam Hussein im Waffenstillstand vom Februar 1991 auch erlaubt, mit Hubschraubern, Artillerie und Panzern gegen innere Gegner zu kämpfen. Saddam hat diesen Spielraum bei seinem wochenlangen Feldzug gegen Schiiten und Kurden ausgiebig genutzt.

So ist es ein politisches Gebot für die US-Regierung, ihren Willen zur Absetzung Saddam Husseins zu bezeugen, um damit die starke irakische Opposition auf ihre Seite zu ziehen. Aber nur die Kurden sind zu einem offenen Bündnis bereit. Doch auch sie müssen an einem direkten Angriff auf Saddam Hussein interessiert sein, damit ihre Zusammenarbeit mit den USA nicht auf sie zurückschlägt, sollte das Regime doch nicht gestürzt werden.

Militärstrategisch setzt man dieses politische Signal am besten durch einen isolierten Angriff auf Saddam Hussein und die irakische Machtelite. Dabei ist es nicht wichtig, ob Saddam Hussein getötet wird. Gerade taktische Gründe könnten sogar dafür sprechen, Saddam bei der ersten Angriffswelle zu verschonen.

Dass dies die Absicht der Amerikaner war, könnte den totalen Fehlschlag der ersten Angriffswelle erklären. Die Dora Farms bilden ein geeignetes Ziel für einen solchen Angriff, da sich die irakische Führung auf dem Palastgelände nicht zu treffen pflegte. Ebenso wenig gab es dort Bunkeranlagen für den Kriegsfall. US-Offizier

Tim Madere, der die Untersuchung des fälschlicherweise als Enthauptungsschlag dargestellten Angriffs leitet, berichtet erstaunt, der Hauptpalast sei nur leicht beschädigt. Jeder, der sich darin befunden hätte, habe überleben können.

Auch zur Vorbereitung der amerikanischen Bodenoffensive ist es notwendig, ein Zeichen zu setzen, dass diesmal Saddam Hussein höchstpersönlich Ziel der Angriffe ist. Wenn in der ersten Bombennacht Hunderte von Raketen auf die Hauptstadt niederprasseln, lässt sich den Irakern nicht mehr vermitteln, warum die Koalitions-Offensive «Operation irakische Freiheit» genannt wird. In diesem Fall würden Soldaten und Offiziere der irakischen Streitkräfte erbitterten Widerstand leisten, weil sie glauben, sie müssten ihre Familien gegen die Invasoren verteidigen. Selbst Gegner der irakischen Führung könnten geneigt sein, sich in eine nationale Front gegen die Alliierten einzureihen.

Dass Beobachter die Bedeutung dieses Angriffs verkennen, kann den Planern des Pentagons nur recht sein. Sie wollen sich nicht in die Karten blicken lassen, denn auch im weiteren Verlauf der Kämpfe werden Inszenierungen und Ablenkungsmanöver eine wichtige Rolle spielen. So ist die Reaktion von Donald Rumsfeld im ersten Presse-Gespräch nach Kriegsbeginn nur folgerichtig. Ein Reporter will wissen, warum das Pentagon von seinem Plan «Schock und Einschüchterung» abgerückt sei. Rumsfeld entgegnet trocken: «Ich glaube nicht, dass Sie den Kriegsplan kennen – und das ist ein Umstand, der mich nicht unglücklich macht.»

Als die ersten Bomben fallen, bemüht sich Saddam Hussein auf seine Weise dagegenzuhalten: Mit dem Aufruf zum «Heiligen Krieg» versucht er, die Religion als einigendes Band gegen die Alliierten einzusetzen. Er muss verhindern, dass es den USA gelingt, die gegensätzlichen Interessen innerhalb der Gesellschaft und des Machtapparates gegen ihn selbst zu richten. Er dürfte die Gefahr wittern, dass sich die Schiiten, wie schon die Kurden, offen mit den Invasionstruppen verbrüdern könnten oder dass Offiziere ihm die Gefolgschaft verweigern, weil sie nicht mehr bereit sind, die Verteidigung seiner Interessen mit denen des gesamten Landes gleichzusetzen.

So versucht Saddam Hussein durch Appelle an religiöse Gefühle und Prinzipien die US-Propaganda zu unterlaufen. Sein Verhältnis zur Religion ist jedoch bekanntermaßen ein rein taktisches. Wiederholt hat er religiöse Würdenträger mit äußerster Brutalität ausgeschaltet.

Der US-Generalstab baut darauf, dass die Meldung über den Angriff auf einen Führungsbunker beim Einmarsch der Koalitionstruppen im Südirak Wirkung zeigt. Fünfzehn Stunden nach dem Einschlag der Raketen in Bagdad überschreitet eine gewaltige Streitmacht die kuwaitisch-irakische Grenze: Zwei US-Divisionen sowie ein britischer Marineverband rücken in tausenden Militärfahrzeugen vor. Nennenswerter Widerstand bleibt zunächst aus.

Aber dann beginnen die Kämpfe in der Nähe der Städte. Damit zerschlagen sich die Hoffnungen der Alliierten, bei ihrem Vormarsch als Befreier empfangen zu werden. Dem Generalstab schwant, dass der Weg nach Basra und Bagdad nicht mit Blumen, sondern mit Leichen gepflastert sein könnte.

Der Kampf um die kleine Hafenstadt Umm Kasr wird zum Symbol der Fehleinschätzung. Sir Michael Boyce, der britische Generalstabschef, gibt zwanzig Stunden nach dem Einmarsch der Bodentruppen die Eroberung der Hafenstadt bekannt – zum ersten Mal. Im weiteren Verlauf der Kämpfe wird die Einnahme von Umm Kasr noch mehrfach gemeldet. Ein simples Missverständnis: Stadt und Hafen von Umm Kasr liegen getrennt. So leicht die Eroberung des Hafens ist, in der Stadt halten sich die Anhänger der Regierung noch Tage verschanzt. Immer neue Meldungen vom Sieg über die Heckenschützen sind nötig, um die eigene Fehleinschätzung der Lage zu verdecken. Im Gegenzug unternimmt die irakische Armeeführung alles Erdenkliche, ihren dürftigen Widerstand stärker erscheinen zu lassen, um von der sich anbahnenden Niederlage abzulenken.

Denn trotz mancher Probleme ist die Bodenoffensive der Alliierten erfolgreich. Deren Divisionen entwickeln drei Stoßrichtungen: Die britische Marinedivision wendet sich gen Basra, das 1. Expeditionskorps der US-Marines rollt Richtung Nassirijah, und die 3. Infanteriedivision der US-Armee wählt eine Route durch die Wüste westlich des Euphrats in Richtung Bagdad.

Die Nordfront

Im Nordirak beginnt der Krieg mit einzelnen Scharmützeln zwischen Kurden und der irakischen Armee. Die hochmodern ausgerüstete 4. Infanteriedivision, die in den Pentagon-Szenarien dafür vorgesehen war, von der Türkei und den kurdischen Autonomiegebieten aus auf Bagdad vorzustoßen, befindet sich an Bord von Transportschiffen auf dem langen Weg vom östlichen Mittelmeer nach Kuwait. Zum Ärger der Strategen kann sie in den Krieg nicht mehr aktiv eingreifen. Der Mehrfronten-Angriff auf die Hauptstadt fällt aus.

Die Passage der Infanteriesoldaten durch Mittelmeer, Suezkanal und Rotes Meer bis in den Persischen Golf täuscht indes darüber hinweg, dass sie eine äußerst nützliche Rolle gespielt haben, ohne in das Kampfgeschehen einzugreifen. Während der monatelangen Verhandlungen mit der Türkei und den nordirakischen Kurden wartet die Division im Mittelmeer auf ihren Einsatz. Ihre Anwesenheit signalisiert der irakischen Führung, welche massive Kampfkraft den Norden ihres Landes bedroht. Saddam Hussein hat keine andere Wahl, als umfangreiche Verbände im Nordirak zu halten, wenn er die Hauptstadt und die den Kurden vor fünfzehn Jahren abgenommene Ölstadt Kirkuk verteidigen will.

Als das türkische Parlament Anfang März sein Veto zum Aufmarsch der Amerikaner entlang der irakischen Grenze einlegt, versucht US-Generalstabschef Richard Myers, die Bedeutung dieses politischen und militärischen Rückschlags für die USA herunterzuspielen: «Wir haben eine Vielzahl von Optionen», beruhigt der General. «Mein Tipp: Am Ende werden wir amerikanische Truppen im Norden Iraks haben – so oder so.»

Myers gibt sich nicht ohne Grund selbstsicher. Die amerikanischen Militärplaner haben längst ein raffiniertes Täuschungsmanöver entworfen, um die Kampfkraft der fehlenden Division zu ersetzen. Sie lassen die 4. Infanteriedivision einfach länger als nötig im östlichen Mittelmeer warten – also auch noch lange nach der Absage der Türken. «Wir wollten das Regime glauben machen, dass wir diese Streitmacht doch noch im Norden einsetzen», sagt US-General Tommy Franks, der Oberkommandierende der Alliierten im Irak, im Juni einer US-Zeitungsgruppe. «Also ließ ich die Truppen auch noch in der Region, als mir längst klar war, dass sie nicht mehr eingesetzt werden können.»

Die «strategische Überraschung» gelingt, und Saddam lässt seine Truppen im Norden stehen. «Wir wussten, dass im Nordirak elf Divisionen der regulären Armee und zwei Divisionen der Republikanischen Garden lagen», erinnert sich Franks. «Und wir wollten, dass sie dort bleiben.» Franks und seine Generäle ersetzen die 4. Division durch eingeflogene Spezialeinheiten und Fallschirmjäger, die mit den kurdischen Peschmerga-Kämpfern gemeinsam operieren.

Die Vorgeschichte der Kämpfe an der Nordfront ist nicht nur aus militärtaktischen Gründen aufschlussreich. Die Planungen der Bush-Regierung für den Nordirak zeigen, dass die USA schon ein Jahr vor dem tatsächlichen Kriegsbeginn mit möglichen Verbündeten ihre Einmarschpläne diskutierten. Bei einem Treffen im April 2002 in Washington, an dem Vizepräsident Dick Cheney, Außenminister Colin Powell, Verteidigungsminister Donald Rumsfeld und Stellvertreter Paul Wolfowitz sowie Sicherheitsberaterin Condoleezza Rice teilnahmen, wurden die Kurdenführer Massoud Barsani und Dschalal Talabani über deren Absicht informiert, Saddam Hussein mit Waffengewalt zu stürzen.

Barsani, Vorsitzender der Kurdischen Demokratischen Partei (KDP), und Talabani, Führer der Patriotischen Union Kurdistans (PUK), sollten sich mit ihren insgesamt 60 000 Kurdenkämpfern an diesem Krieg beteiligen. Als ich mich im Juli 2002 mit Massoud Barsanis Bruder Dilshad, der die kurdische Regionalregierung in Europa vertritt, in Berlin treffe, weiß er bereits, dass der Irak-Krieg im kommenden Februar beginnen soll.

Die Kurdenpolitiker signalisieren den Amerikanern ihre Bereitschaft zu gemeinsamen Einsätzen, drängen aber auf eine Garantie dafür, dass sie die seit dem Kuwait-Krieg von 1991 faktisch geltende Autonomie nach dem Sturz Saddam Husseins in einem föderativ konstituierten Irak fortsetzen könnten.

Das Treffen in Washington bildet den Auftakt für eine Serie von Verhandlungen, in denen die Details der militärischen Kooperation und der Garantien für die Kurden im Nachkriegsirak festgelegt werden. Barsani und Talebani betrachten das Bündnis mit den USA als Chance, Saddam Hussein zu stürzen, ohne ihre schwer erkämpfte Autonomie aufgeben zu müssen. Die politisch klug agierenden Kurdenführer sind sich bewusst, dass die US-Regierung darauf angewiesen ist, zumindest einige Gegner Saddam Husseins für ihr Kriegsprojekt zu gewinnen.

Den Kurden kommt deshalb eine besondere Bedeutung zu, weil sie von Beginn an gegen die Herrschaft Saddam Husseins gekämpft haben. 1988 hatte die irakische Regierung nach Schätzungen von Menschenrechtsgruppen mindestens 100 000 Kurden durch Bombenangriffe und Giftgasattacken umgebracht, sie willkürlich ermordet und zu Tode gefoltert. Allein bei dem Giftgasangriff auf die Kurdenstadt Halabdscha starben 5000 Menschen.

Im Gegensatz zu den Kurden ist der Bündniswert anderer Oppositioneller etwa aus den Reihen der Sunniten für die USA viel geringer, weil sie in der irakischen Bevölkerung nur über einen sehr begrenzten Einfluss verfügen. Die schiitische Opposition wird von der US-Regierung wegen ihrer politischen Nähe zur Islamischen Republik Iran gemieden. Das Kalkül der Amerikaner besteht darin, die Kurden als einen innerirakischen Verbündeten zu gewinnen, dessen Konflikt mit Bagdad sich als zusätzlicher Hebel gebrauchen lässt, die Regierung in Bagdad zu stürzen.

Ein Vergleich zum Afghanistan-Feldzug liegt nahe: Damals war es die Nordallianz, die den USA beim Kampf gegen die Taliban und al-Kaida half. Für Washington birgt das Bündnis mit den irakischen Kurden jedoch erhebliche Probleme, weil es beim Nato-Partner Türkei auf großes Misstrauen stößt. Das zeigt sich bei den Militär-Verhandlungen über den geplanten Transit der US-Truppen durch die Südtürkei in den Irak.

Die Türken wollen ihre Einwilligung nur geben, wenn sie mit eigenen Truppen in das kurdisch-irakische Gebiet einmarschieren dürfen.

Getrieben von der Angst, ein Sturz Saddam Husseins werde auch die zwölf Millionen Kurden im Südosten des eigenen Landes zu neuen Unabhängigkeitsbestrebungen ermutigen, will die Türkei den US-Einmarsch nutzen und sich die Kontrolle über die wichtigen nordirakischen Städte Mossul und Kirkuk mit ihren nahe gelegenen umfangreichen Ölvorkommen sichern.

Offiziell wird das geplante militärische Eingreifen im Nachbarland als Schutzaktion für die dortige turkmenische Minderheit ausgegeben. Die aggressive türkische Haltung speist sich aber in Wirklichkeit aus einem tiefen Misstrauen gegenüber den Kurden im eigenen Land und den fast vier Millionen im Nordirak sowie aus historisch begründeten Ansprüchen auf Teile dieser Gebiete.

Offenbar sind sich die USA der gegensätzlichen Interessen bei ihren beiden Partnern nicht ausreichend bewusst und einigen sich im Januar 2003 in Ankara bei Militär-Verhandlungen mit der türkischen Regierung auf die Grundzüge einer türkischen Beteiligung am Irak-Krieg.

Insbesondere die von Massud Barsani geführte KDP sieht in der Teilnahme türkischer Truppen eine Gefährdung ihrer in den vergangenen zwölf Jahren aufgebauten Selbstverwaltung. Auf Meldungen, dass die US-Regierung der Türkei zugesichert habe, nach Ende des Krieges die kurdischen Milizen und die Regionalregierung aufzulösen, reagieren die Kurden mit einer Kampfansage: Sollten türkische Truppen in den Nordirak einmarschieren, würden sie auf bewaffneten Widerstand der kurdischen Kämpfer, der Peschmerga, stoßen. Mit einer gewaltigen Mobilmachung bereiten sich die irakischen Kurden auf den Kampf gegen die türkische Armee vor.

So zeichnet sich ein Konflikt ab, an dem die USA kein Interesse haben können, da das von der Regierung in Washington über Monate aufgebaute Bündnis mit den nordirakischen Kurden akut gefährdet würde. Die Instinktlosigkeit, mit der die Militärs den US-Einmarsch vorbereiten, verursacht gravierende politische Probleme. «Wir waren mehr als enttäuscht, als wir feststellen mussten, dass die Amerikaner nicht zu uns stehen würden», erinnert sich Dilschad Barsani mir gegenüber im Juni an den Konflikt. Fast wäre es zu einem Partisanenkrieg gekommen, wie ihn die Kurden schon oft geführt haben – gegen die Türkei und vielleicht sogar gegen Amerika. «Es war ganz eng», sagt Barsani, «wir konnten das Verhalten der Amerikaner nicht akzeptieren.»

Erst die Entscheidung des türkischen Parlamentes gegen den Transit der US-Truppen beendet am 1. März den Nervenkrieg um die Beteiligung Ankaras.

Anstelle der 4. Infanteriedivision landen die USA zusätzliche Spezialkommandos im Nordirak. Die Sondereinheiten trainieren bereits seit Dezember 2002 die Peschmerga, mit denen sie Angriffe auf die von den Kurden beanspruchte Öl-Stadt Kirkuk und das ebenfalls zum Teil von Kurden bewohnte Mossul vorbereiten. Die Stationierung der US-Kommandos und die Kooperation mit ihnen erfolgen offen, um den Kurden ein Gefühl von Sicherheit und Schutz zu vermitteln.

Denn auch in Kurdistan zweifeln Menschen an der Entschlossenheit der USA, den Krieg gegen Saddam Hussein wirklich bis zum Ende zu führen. So birgt ein Bündnis mit den USA in ihren Augen die Gefahr künftiger Racheakte der irakischen Regierung, sollte es wie 1991 einen Waffenstillstand geben oder gar nicht zum Krieg kommen und der Konflikt mit Saddam Hussein im letzten Moment noch diplomatisch gelöst werden.

Militärisch wären die Kurden zwar durchaus in der Lage, mit

ihren 60 000 Peschmerga in Richtung Bagdad vorzustoßen. Aus politischen Gründen verwerfen die Kurdenführer diese militärische Option, da sie wissen, dass eine Kurdenoffensive in Richtung Bagdad vom arabischen Teil der irakischen Bevölkerung keinesfalls akzeptiert würde.

Diese ethnischen Unverträglichkeiten sind auch ein Grund dafür, dass die Peschmerga nach ihrem Einmarsch in Kirkuk und Mossul ihre Tracht – Pluderhosen, Turban und Patronengürtel – auf Wunsch der US-Offiziere gegen blaue Polizeiuniformen tauschen. Die hatten kurdische Schneider noch schnell vor Kriegsbeginn genäht, damit die Kurdenkämpfer politisch korrekt auftreten können.

Luftkrieg gegen Bagdad

Während die Bodentruppen der Alliierten aus Kuwait ihren Einmarsch in den Irak fortsetzen und in Kurdistan erste Scharmützel zwischen den Peschmerga und der irakischen Armee ausbrechen, erleben die Menschen in Bagdad am Abend des ersten Kriegstages einen zweiten Luftalarm. Kurz vor 21 Uhr heulen die Sirenen, innerhalb von Sekunden erfüllt das Dröhnen des Flugabwehrfeuers die Stadt. Beim ersten kurzen Angriff im Morgengrauen wurde die Luftabwehr überrascht. Diesmal werden die Raketen von Radargeräten geortet.

Zuerst schlagen sie im Süden ein, Explosionsblitze erhellen ganze Viertel für den Bruchteil einer Sekunde. Nach einer kurzen Pause registriere ich gewaltige Explosionen in der Stadtmitte, auf der Nordseite des Hotels. Die Erschütterungen und das Beben sind so groß, dass auf dem Parkplatz vor dem Hotel die Alarmanlagen der Autos ausgelöst werden. Das Heulen geht in den nächsten Einschlägen unter. Wieder kann ich nichts erkennen, aber die Erschütterungen deuten darauf hin, dass Raketen im Zentrum der Stadt explodieren.

Hosam Taher, ein lokaler ZDF-Mitarbeiter, stürzt ins Zimmer:

«Das Planungsministerium ist getroffen und eingestürzt.» Ich erwidere, es sei doch unmöglich, den Einsturz des Ministeriums zu beobachten. «Nein, das ist ja das Wahnsinnige», entgegnet er aufgeregt, «der Blitz der zweiten Explosion zeigte den Einsturz.» Ich bin irritiert, es macht doch keinen Sinn, ein Ministerium als erstes Ziel im Zentrum der Stadt zu zerstören. Aber auch der Kameramann, der die Aufzeichnung gemacht hat, bestätigt Hosams Aussage. Hosam murmelt etwas von «Stützpunkt der Republikanischen Garde» und verschwindet wieder auf dem Flur, da neue Einschläge auf seiner Seite, also nördlich und westlich des Hotels, zu hören sind.

Kurze Zeit später fragt Dietmar Ossenberg in einem «ZDF-Spezial»: «Wissen Sie, was getroffen wurde?» Meine Antwort mit dem Brustton der Überzeugung lautet: «Das Planungsministerium am Tigris nahe der Brücke der Republik, mehrere Gebäude im großen Palast am Tigris. Aber auch Ziele in anderen Teilen der Stadt.»

Kurz nach Beginn des Luftalarms unterbrechen das irakische Fernsehen und der Rundfunk ihr Programm, patriotische Lieder und Aufrufe appellieren an den Kampfgeist der Iraker, sich den Invasoren entgegenzustellen. Und immer wieder: «Ja, ja zu Saddam Hussein.» Natürlich wird dessen Rede aus den Morgenstunden wiederholt, in der er vom Kampf gegen die Eindringlinge spricht und zum «Heiligen Krieg» aufruft.

Aber weder im Rundfunk noch im Fernsehen ist zu erfahren, dass eine gewaltige Streitmacht die Grenze überquert und auf Bagdad vorrückt. Nach einer Stunde verebbt das Getöse der Flugabwehrgeschütze und vereinzelter Explosionen. Es wird ruhig, für die Fünf-Millionen-Stadt eine geradezu gespenstische Stille. Nur noch einzelne Autos fahren durch die hell erleuchteten Straßen. Wasser, Strom und Telefon funktionieren.

Die vielen Sendungen an diesem Abend hindern mich daran, über alles nachzudenken. Mir ist nicht klar, welchen Zweck diese Angriffe haben sollen. Natürlich sind sie spektakulär, schließlich können die Fernsehzuschauer in der ganzen Welt alles live verfolgen. Genau das irritiert mich. Sollte sich etwa eine Situation wie

Ende Dezember 1998 wiederholen? Damals erfolgten die Angriffe stets zur vollen Stunde, und die Einschläge konnten direkt von den Kameras live übertragen werden.

Jedenfalls fällt auf, dass die getroffenen Gebäude auf der Nordseite des Palastes der Republik exakt im Aufnahmebereich der Kameras liegen. Die meisten Bilder dieses Angriffes stammen von drei Geräten, die auf dem Dach des Ministeriums fest installiert sind und die ganze Zeit übertragen, ohne dass sie ein Kameramann bedienen und damit sein Leben aufs Spiel setzen muss. Die Gegenperspektive drehen die Kollegen per Hand aus dem Hotel, das vom Ministerium aus gesehen direkt hinter den Einschlagstellen liegt.

Ich werde mich daran gewöhnen müssen, dass in einem «Echtzeit-Krieg» Zeitpunkt und Ziel der Angriffe auch von Kamerapositionen und Sendeterminen bestimmt werden.

Einige der Angriffe werden regelrecht inszeniert, daran habe ich nach meinen vielen Aufenthalten in Bagdad kaum noch Zweifel. Getroffen werden Gebäude, in denen sich keine Menschen aufhalten. Zu Anfang soll es keine Opfer geben.

Statt der angekündigten «Schreck und Einschüchterungs»-Attacke erleben die Iraker eine wohldosierte Eskalation zum Auftakt des Krieges. Fast sieht es so aus, als ob alles nach Drehbuch verläuft. Schon von den Balkonen des «Hotel Palestine» lässt sich erahnen, dass die Zahl der zivilen Opfer sehr gering ist. Beim Angriff in den Morgenstunden, der angeblich Saddam Hussein gegolten hat, werden ein Mensch getötet und vierzehn verletzt.

Am nächsten Morgen auf dem Weg ins Informationsministerium erkenne ich, dass ich am Abend vorher in der Sondersendung ein falsches Ziel genannt hatte. Getroffen wurde nicht das Planungsministerium, sondern der Amtssitz von Tarek Aziz, dem stellvertretenden Ministerpräsidenten. Das Gebäude ist weitgehend eingestürzt, die Trümmer schwelen noch. Auch aus dem schwer getroffenen Nachbargebäude quellen Rauchschwaden. Saddam Husseins Sohn Kusai habe es genutzt, spekulieren Kollegen, wahrscheinlich als Zentrale der Republikanischen Garden. Das Planungsministerium steht noch, nur ein kleiner rückwärtiger Teil ist beschädigt.

Jetzt weiß ich, warum Hosam mir heute Morgen so nett Frühstück angeboten hat. Das schlechte Gewissen trieb ihn. Bereits beim Blick aus dem Fenster hatte er das Planungsministerium in voller Pracht gesehen. Der Vorfall dient ihm und mir als Lehre, wie schwer die Zielbestimmung bei Nacht tatsächlich ist. Denn auf den Bildern, die Kameramann Abdul Rasak kurz nach den Einschlägen aufgenommen hat, glaubte ich Trümmer des Ministeriums mit starkem Rauch zu erkennen. Wenn man weiß, was wirklich passiert, kann man sehen, dass der Rauch aus einem zerstörten Gebäude direkt vor dem Ministerium aufsteigt und das Ministerium selbst verhüllt.

Das Informationsministerium wurde nicht angegriffen, und auch der Minister ist unverletzt. Mohammed Said al-Sahaf vergleicht bei seinem zweiten Presseauftritt im Krieg US-Präsident Bush mit dem Mafia-Boss Al Capone. Al-Sahaf selbst erwirbt sich den Beinamen «Comical Ali» in wenigen Tagen. Damit sein Chef hinter dem Wald der Mikrofone zu erkennen ist, hat Generaldirektor Udai al-Tai noch schnell ein kleines Holzpodest zimmern lassen und ihm untergeschoben.

Al-Sahaf arbeitet zwar noch im Ministerium, aber die Pressekonferenzen finden nicht mehr im Sitzungssaal des Hauptgebäudes statt, sondern im zweistöckigen Erweiterungsbau. Tapfer bezeichnet der Minister den Bodenangriff im Süden als Teil einer Desinformationskampagne der USA. «Wir haben Erfahrungen, wir kennen sie sehr genau.» Natürlich kontrolliere der Irak weiterhin den Hafen Umm Kasr. Und dass sich ganze Einheiten ergeben hätten, stimme schon gar nicht. «Unsere Moral ist gut», fügt er hinzu und übergibt an Innenminister Mahmoud Diab Ahmad. Der trägt Schussweste, wedelt mit einer Kalaschnikow und spricht vom Sieg. Kein Iraker werde die Waffe niederlegen, bevor der Sieg errungen sei.

Die Auftritte der Minister wirken kopf- und konzeptionslos, da ihre Sieges- und Durchhalteparolen nicht einmal den Ansatz einer Politik erkennen lassen, mit der Irak versuchen könnte, den Krieg zu beenden. Die Minister wissen natürlich, wie prekär die Lage bereits ist und dass sich der stählerne Lindwurm der Alliierten langsam auf Bagdad zuschiebt.

In der Sadoun-Straße wollen die Menschen erfahren, was wirklich passiert. Sie haben Gerüchte über die Bodenoffensive im Radio gehört. Auch die Luftangriffe tragen zur Verunsicherung bei. Man will wissen, warum es nicht den ganz großen Schlag gegeben hat, wie es noch in Kommentaren der arabischen Programme von Radio Monte Carlo und der BBC prophezeit wurde. Auch 24 Stunden nach Beginn des Krieges funktionieren Strom und Telefon in Bagdad. Und noch eine Frage wird mir gestellt: Weshalb hatte Donald Rumsfeld am Vortag den Irakern geraten, zu Hause zu bleiben?

Am Abend um kurz nach 20 Uhr erhalten die Menschen eine Antwort. Die erste große Angriffswelle rollt über die Stadt. Wieder genau zur Sendezeit um 21 Uhr eine Einschlagserie im Palast der Republik. Diesmal wird es heftig. Das Hotel – gut 600 Meter von den Einschlagsorten entfernt – beginnt zu schwanken, die Gardinen in meinem Zimmer wehen in den Druckwellen. Im Telefon höre ich, wie Petra Gerster die «Heute»-Sendung beginnt und die Live-Bilder aus Bagdad im Studio kommentiert. Sie ist beeindruckt, und ich verstehe einmal mehr, was «Echtzeit-Krieg» bedeutet. Als die Einschläge immer näher rücken, geht mir durch den Kopf, ob es eigentlich richtig ist, in Bagdad zu bleiben, wenn man alles aus der Ferne sehen und kommentieren kann.

Dann kommen doch noch Fragen aus Mainz. Sie zu beantworten ist nicht einfach, da die Einschläge im Sekundenrhythmus erfolgen. Hauptziele sind die Paläste, wahrscheinlich ein Geheimdienstgebäude, wohl auch das Hauptquartier der Luftwaffe. Doch wie üblich kann ich nur einen Teil der Stadt überblicken. Falah Zaki, mein Producer, kommt ins Zimmer und erklärt mit seiner unnachahmlichen Ruhe: «Sie zerstören den ganzen Palast.» Das bedeutet schon etwas, denn es handelt sich um ein riesiges Gelände auf der Westseite des Tigris im Herzen von Bagdad. Der Bevölkerung soll weiterhin die Angst genommen werden.

Knapp drei Stunden dauern die Angriffswellen mit etwa 300 Einschlägen von Bomben und Raketen. Mehrere Gebäude auf dem Palastgelände brennen. Im Süden – diesmal tatsächlich über der Raschid-Basis – liegen Rauchwolken. Doch Bagdad ist weiter beleuchtet, selbst in den Straßen des Palastgeländes brennen die Laternen. Wegen der Stille höre ich einzelne Fahrzeuge noch in drei, vier Kilometern Entfernung. Ab und zu heulen Feuerwehrautos durch die Stadt.

Samstagmorgen sehe ich sie zum ersten Mal: die Ölfeuer. Zunächst halte ich sie für Brände, die von den Einschlägen der vergangenen Nacht stammen. Doch Falah Zaki klärt mich auf. Er wohnt in der Nähe des Flughafens und hat gesehen, wie die Feuer gelegt werden: An etwa zwanzig Stellen rund um das Stadtgebiet haben die Iraker jeweils zwei dreißig Meter lange Mulden ausgehoben und mit Altöl gefüllt. Im Wechsel werden sie abgebrannt und nachgefüllt, damit ständig aus einer der Wannen Rauchschwaden den Bagdader Himmel verdunkeln.

Das Ergebnis ist ein unbeschreiblicher Gestank und Ruß, der sich in der ganzen Stadt verteilt und in Augen, Nase und Lunge kriecht. Selbst vor den Fensterritzen im Hotel macht er nicht halt. Die Kameras verdrecken sofort, wenn wir sie aus dem Auto holen. Unsere Arbeit wird enorm erschwert.

Besonders skurril finde ich, dass die Stadtbevölkerung unter einer Maßnahme leiden muss, die keinen Sinn ergibt. Die Verwirrung und Ablenkung der amerikanischen Bomberpiloten zum Zweck der Ölfeuer zu erklären, wie es das Regime tut, wirkt im Zeitalter der elektronischen Zielaufklärung einfach nur lächerlich. So liegt die Schlussfolgerung nahe, Saddam Hussein wolle seinen Landsleuten mit dieser Aktion unbedingt deutlich machen, wie sehr er sich für die Verteidigung ihrer Hauptstadt einsetzt.

Drei Tote haben die Angriffe der vergangenen Nacht in Bagdad gefordert. Seit Beginn des Krieges vor 48 Stunden wurden 250 Zivilisten verletzt, sagen die Ärzte in Krankenhäusern. Und sie sind verlässlich, versichert mir Roland Huguenin-Benjamin, der Pressesprecher des Internationalen Komitees vom Roten Kreuz. Die Ärzte der Hilfsorganisation hätten bisher keine Fälschungen entdeckt.

Die geringe Zahl der Opfer macht deutlich, wie genau die US-Streitkräfte ihre Ziele auswählen und wie sorgfältig sie angreifen, um Zivilisten so weit wie möglich zu schonen. Dass auch in der ersten wirklichen Raketen- und Bombennacht nur geringe Schäden an der zivilen Infrastruktur entstanden sind, gibt den Menschen eine gewisse Sicherheit. Zwar ist der Verkehr auch am Samstag wieder sehr spärlich, doch das liegt vor allem daran, dass erstmals auch tagsüber Angriffe geflogen werden. Sobald das Luftabwehrfeuer, das meist zu spät einsetzt, wieder abebbt, kehren die Menschen auf Straßen und Märkte zurück.

Die Anspannung und Ungewissheit aus den Tagen vor dem Krieg – sie ist verschwunden. Das kann ich sehr gut nachempfinden, denn auch ich fühle eine Art Erleichterung. Der große Schlag ist ausgeblieben: Keine Superbombe, keine E-Bombe – und kaum Fehleinschläge. Von «Schock und Einschüchterung» ist wenig zu spüren. Und noch wichtiger: Strom, Wasser und Telefone funktionieren immer noch – im Gegensatz zu 1991.

In der Sadoun-Straße bleiben viele Geschäfte geschlossen, doch die Geldwechsler haben geöffnet. Dass der Dinar seinen Wert annähernd hält, erscheint mir wie ein Wunder. Aber die Iraker kennen den Krieg und haben gelernt, damit umzugehen. Mir fällt es jedoch schwer, ihr Verhalten zu verstehen. Auf der einen Seite höre ich die alten Sprüche, man fürchte sich nicht und wolle die US-Aggressoren zurückschlagen. Auf der anderen Seite macht sich erstmals Gleichgültigkeit breit. Wer nicht über Politik redet oder Journalisten gegenüber Kampfparolen in den Mund nimmt, geht auf Distanz zur Regierung. Und diese Distanz nimmt offenbar zu. Selbst Mitarbeiter des Informationsministeriums, die eigentlich Journalisten überwachen sollen, machen sich über ihren Minister lustig.

Der Vormarsch der Alliierten zeigt Wirkung, nur weiß niemand, wo die Truppen stehen. Glaubt man Informationsminister al-Sahaf, wurden sie in die Sümpfe getrieben: «Da werden sie nie wieder rauskommen». Aber solche Sprüche nehmen ihm selbst hart gesottene Parteigänger Saddam Husseins nicht mehr ab. Al-Sahaf beginnt auf seinen Pressekonferenzen zu phantasieren. Nur bei der Angabe der Opferzahlen bemüht er sich um Genauigkeit. Aber genau diese Präzision, mit der er um seine Glaubwürdigkeit zu kämpfen scheint, schwächt das Regime umso mehr. Saddam-Sohn Udai nennt al-Sahaf während des Krieges mehrfach einen Schwätzer, erzählt mir Udais Betreuer Tomataou. Saddam Hussein scheint eine andere Meinung über den Minister zu haben, denn sonst hätte er diesen Mann längst gefeuert. Doch markige Sprüche, die Gegner verletzen und Stärke demonstrieren sollen, sind genauso wenig wie Propagandalügen geeignet, einen Stimmungsumschlag zu verhindern. Denn mit jedem Kilometer, den sich die Alliierten Bagdad nähern, wendet sich eine größere Zahl der Iraker vom Regime ab.

In den nächsten Tagen nehmen Raketen- und Bombeneinschläge ebenso zu wie die Parolen von Ministern und Offiziellen. Verteidigungsminister Sultan Haschim Ahmed und Saddam Husseins Stellvertreter Taha Jassin Ramadan wünschen sich vor laufenden Kameras einen schnellen Vormarsch der Alliierten bis Bagdad. Vor den Toren der Hauptstadt müssten die dann «einen hohen Preis zahlen», man werde «der teuflischen Administration eine Lektion erteilen». Je länger Meldungen über das Vorrücken der Alliierten ausbleiben, desto forscher die Sprüche.

Auch der Jahrhundert-Sandsturm scheint dem Regime Auftrieb zu geben. Am Dienstag bleibt es den ganzen Tag über schummrig, der Stand der Sonne ist nur zu ahnen. Ein ekelhaftes Gemisch aus Sand, Öl und Ruß liegt auf den Straßen, verdunkelt Autoscheiben und wird vom Sturm auch durch kleinste Ritzen in die Häuser gedrückt. Zum trüben Wetter passen die Gerüchte: Im Südirak und in der Wüste westlich von Nadschaf seien irakische Kommandos zum Gegenangriff übergegangen.

Ich kann es mir nicht vorstellen: Warum sollten US-Marines immer noch um und in Nassirijah kämpfen, obwohl sie die Stadt am Euphrat bereits vor fünf Tagen erreicht haben, also gerade 24 Stunden nach ihrem Einmarsch in den Irak? Mit Bildern der bei Nassirijah getöteten oder gefangen genommenen US-Soldaten heizt das irakische Fernsehen die Stimmung an. Für die Anhänger Saddam Husseins scheint sich ein Traum zu erfüllen. Sie hoffen, dass die US-Truppen bereits im Süden des Landes gestoppt werden, dass sie bei den Kämpfen große Verluste erleiden und es dem Irak gelingt, Amerika einen Waffenstillstand aufzuzwingen.

In der «Palestine»-Lobby treffe ich Abdul Rasak al-Haschemi, vormals Erziehungsminister und 1990 Botschafter Iraks in Frankreich und Deutschland. Freudig erregt verkündet er, die Zahl der Gefangenen sei viel größer als von den USA eingeräumt. Wenn erst bekannt werde, wie viele US-Soldaten bei den Kämpfen im Südirak gestorben seien, könne US-Präsident Bush sein politisches Ende nicht mehr abwenden. Ein Tor sei, wer glaube, gestern seien 31 Soldaten verletzt worden, weil US-Einheiten irrtümlich bei Nassirijah aufeinander geschossen hätten.

Wer diesen Nachrichten westlicher Medien vertraue, tönt der Ex-Minister weiter, dem sei nicht mehr zu helfen. Er wisse aus sicherer Quelle, dass es zumindest ähnlich viele Tote gegeben habe und dass es sich nicht um Opfer freundlichen Feuers, sondern eines irakischen Angriffs handele. Wenn Bush und Blair schon davon sprächen, allein der Sieg zähle, nicht die Dauer der Kämpfe, könne ich doch meine Schlüsse daraus ziehen. Mit den Worten «Mehr verrate ich Ihnen nicht», lässt Hashemi mich stehen und begrüßt Verteidigungsminister Sultan Hashim Ahmad, der gerade in die Lobby kommt, mit einem Bruderkuss.

Der gibt sich auf einer Pressekonferenz optimistisch. Selbst wenn es den US-Truppen gelänge, in fünf bis zehn Tagen Bagdad einzuschließen, hätten sie nichts gewonnen: «Der Feind muss in die Stadt vorrücken, und das wird sein Grab.» Verteidigungsminister Ahmad kündigt an, Irak werde den Krieg in die Länge ziehen, damit der Feind einen hohen Preis zahle. Ich frage den Minister nach der Zahl der Verluste der US-Armee und der Zahl der Soldaten, die Irak gefangen genommen habe. Er verweigert die Antwort mit dem

Hinweis, abgerechnet werde später. Verteidigungsminister Ahmad will genau wie sein Gegenspieler im Pentagon keine Einzelheiten über die militärische Lage im Süden des Landes preisgeben.

Die Lage zwischen Nassirijah und Kerbala ist derweil unübersichtlich. Was sich nach außen als Stocken des US-Vormarsches darstellt, sind bedeutende Gefechte und taktische Manöver. Die Kämpfe im Südirak werden erbitterter.

Gleichzeitig steigt in Bagdad die Zahl der zivilen Opfer. Obwohl die Raketen und lasergesteuerten Bomben in den ersten Tagen des Krieges weitgehend punktgenau trafen, so häufen sich jetzt, Ende der ersten Kriegswoche, die Fehleinschläge. Über die Gründe kann ich nur spekulieren, wahrscheinlich ist die irakische Luftabwehr fast zerstört und es kommen zunehmend Flugzeuge zum Einsatz, die ihre Ziele auch aus geringerer Höhe angreifen und weniger exakte Zielvorgaben haben. Nach dem Krieg wird ein weiterer Grund für die hohe Zahl der Opfer unter den Zivilisten bekannt. Die US-Luftwaffe bestätigt, dass in diesem Krieg wesentlich weniger Präzisionsbomben eingesetzt wurden als angekündigt. Ein Drittel der Geschosse ist veraltet und wurde Mitte des vergangenen Jahrhunderts entwickelt. Auch die so genannten Präzisionsbomben treffen nicht absolut exakt – vor allem jene, die noch aus der Zeit des Kuwait-Krieges stammen.

Die Folgen der mangelnden Präzision sind grausam. Am sechsten Tag des Krieges schlagen mittags um halb zwölf Uhr zwei Raketen kurz hintereinander in der Marktstraße von Scha'ab ein. In dem Vorort im Norden Bagdads sterben fünfzehn Menschen, dreißig werden verletzt. Das Pentagon weist die Verantwortung für den Angriff zurück. In der Kommandozentrale in Doha heißt es, zur Zeit der Einschläge hätten Flugzeuge Stellungen von Boden-Luft-Raketen in einem Wohnviertel angegriffen. Aber auch General Vincent Brooks lehnt die Verantwortung für den Einschlag ab. Ermittler der US-Armee glaubten, eine irakische Rakete sei irrtümlich in der Marktstraße eingeschlagen – oder sogar absichtlich, um den Vorfall propagandistisch gegen die Alliierten zu nutzen.

Für uns Journalisten bestehen kaum Zweifel, dass es sich um US-Raketen handelt. Anwohner erzählen, sie hätten Flugzeuge gehört, und kurz darauf seien die beiden Raketen eingeschlagen. Da sie zugleich beklagen, die irakische Armee habe immer wieder für mehrere Stunden Luftabwehrraketen im Viertel aufgestellt, scheint der Fall eindeutig: Flugzeuge der Alliierten wollten gegnerische Raketen-Stellungen ausschalten. Die stetig wachsende Zahl von Toten in der Zivilbevölkerung lässt die Menschen zunehmend daran zweifeln, dass es den USA nur darum geht, Saddam Hussein zu stürzen.

Zwei Tage später fahren wir erneut zu einer Einschlagstelle, diesmal im Schiiten-Viertel Scholaa. Am Abend vorher explodierte kurz vor Sonnenuntergang eine Rakete oder Bombe auf dem Nassir-Markt. Leichtmetallsplitter schießen umher und richten Marktbesucher in grauenvoller Weise zu. Wer neben der Explosionsstelle steht, hat keine Chance und stirbt sofort, selbst fünfzehn Meter entfernt werden Menschen die Arme abgerissen.

Wir treffen auf Angehörige, die bei der Beerdigung der Opfer ihre Wut herausschreien. Die 55-jährige Nadschea al-Kafadschea begräbt fassungslos ihren Neffen. «Warum, warum geschieht das nur? Wir sind doch unschuldig. Wen haben wir angegriffen?»

Augenzeugen berichten von einem unvorstellbaren Chaos. Mindestens fünfundfünfzig Menschen sterben sofort oder kurz nach ihrer Einlieferung in das nahe gelegene al-Noor-Krankenhaus. Etwa 50 Schwerverletzte werden dort behandelt. Fassungslos stehen Männer vor der Einschlagsstelle: «Wie konnten den Amerikanern solche Fehler unterlaufen, wo sie doch über moderne Waffen verfügen?!»

In Scholaa sind sich die Menschen einig, dass es sich um einen Angriff der Alliierten handelt. Dabei wähnten sie sich sicher, da es im Viertel weder Soldaten noch Industrie oder gar Geheimdienstzentren gibt. Warum sollten die US-Truppen hier angreifen, wo die Bewohner doch 1999 gegen die Ermordung von Ayatollah Sadre durch den irakischen Geheimdienst protestiert hatten? Der schiitische Gelehrte war ein Gegner der irakischen Führung.

Systematisch suchen wir das Viertel im Nordwesten Bagdads nach militärischen Objekten ab und finden schließlich eine halb verfallene Armee-Kaserne am Rande des Vororts. Ob hier in den vergangenen Tagen Bomben einschlugen oder alles nur verrottet ist, lässt sich nicht erkennen. Klar ist, dass die Kaserne – wie viele andere im Umfeld von Bagdad – derzeit nicht genutzt wird, um dort stationierte Soldaten vor Luftangriffen zu schützen.

Hoffnungen, die Zivilbevölkerung bleibe von Angriffen verschont, bestätigen sich nicht. Aus fast allen Stadtteilen werden Tote gemeldet. Oft werden Menschen von Splittern oder umherfliegenden Trümmerteilen getroffen, wenn sie nur zufällig an militärischen Zielen vorbeifahren, die gerade bombardiert werden. Viele müssen sterben, weil militärische Stellungen in der Nachbarschaft von Häusern errichtet werden. Kleine Zielungenauigkeiten der Bomber bringen Elend und Tod. Auch niederprasselnde Trümmer von Flugabwehrmunition oder -raketen fordern Opfer.

Dennoch entwickeln die Menschen eine merkwürdige Routine und arbeiten weiter. Viele kleine Betriebe können es sich nicht leisten zu schließen, weil Beschäftigte und Besitzer keine Ersparnisse haben. Erstaunlich, wie sich die Kinder an den Krieg zu gewöhnen scheinen. Manchmal spielen sie wieder auf der Straße Fußball, obwohl zuvor wenige Hundert Meter entfernt Raketen eingeschlagen sind. Ihnen merkt man jedoch die Verunsicherung am ehesten an. Sie können ihre Gefühle nicht so gut verbergen wie die Älteren, die das Regime Saddam Husseins nur überleben konnten, wenn sie die Kunst der Verstellung beherrschten.

Es ist deshalb so schwierig, die wahre Stimmung der Menschen zu erkennen. Kein Zweifel, sie sind enttäuscht. Hatten sie zunächst gehofft, es werde gar keinen Krieg geben, so werden jetzt die Sorgen immer größer, weil er sich in die Länge zieht.

Soldaten, die aus dem Süden zurückkommen, berichten, die Zahl der Toten sei wesentlich höher als befürchtet. Die Erzählungen lassen keinen Zweifel, dass die irakischen Einheiten die Truppen der Alliierten allenfalls stören, sie aber niemals stoppen können. Für Anhänger Saddam Husseins ist das eine bittere Erkenntnis, auch wenn man den eigenen Divisionen schon immer wenig Chancen eingeräumt hatte.

Jamal, Hosam Tahers ältester Bruder, hat neun Tage in Basra gekämpft und darf seine Familie einen Tag besuchen. Für den General sind die Gefechte ein Alptraum. Tagsüber kämen unbemannte Aufklärungsflugzeuge. «Nur zwei, drei Minuten später schlagen die Raketen ein», zitiert Hosam seinen Bruder. Raketenstellungen, ja selbst Panzer auf der Flucht würden zerstört.

Jamal soll an die Front zurückkehren, doch ich frage mich, ob er auch wirklich geht. Andere Offiziere aus der Einheit nutzen Reisen nach Bagdad, um sich aus dem Staub zu machen. Auch das erzählt mir Hosam und fügt hinzu, seine Mutter weine stundenlang und weigere sich, Abschied zu nehmen. Sie flehe Jamal an, nicht nach Basra zu gehen, seitdem sie von ihm gehört hat, was dort nachts passiert: Britische Kommandos spähten mit Hilfe ihrer Nachtsichtgeräte die irakischen Stellungen fast unbemerkt aus. Der folgende Angriff sei meist tödlich. Auch bei den US-Soldaten gehören Nachtsichtgeräte zur Standardausrüstung und werden an den Helmen befestigt. Das Sprechfunkgerät und das Ortungssystem, die ebenfalls jeder Soldat trägt, erlauben eine bisher nicht gekannte Koordination der Einsätze. Bei wichtigen Gefechten, wie den Kämpfen um die Brücken von Nassirijah, bringt die hochmoderne Ausrüstung den entscheidenden Vorteil.

Kein Wunder, dass reguläre irakische Armeeeinheiten gegen einen überlegenen Gegner nicht mehr antreten wollen. Flugblätter, die über den irakischen Stellungen abgeworfen werden, tun ein Übriges. Massenhaft verlassen irakische Soldaten ihre Truppen. Die Zahl der Deserteure ist unbekannt, weil viele Männer selbst gegenüber ihren Familien verschweigen, dass sie geflohen sind. Doch überzulaufen oder sich gar mit den gegnerischen Truppen zu verbrüdern, dazu sind Iraker nur selten bereit.

Wie schnell die Moral der irakischen Streitkräfte zerfällt, zeigen Kampfgruppen der Baathpartei in Nassirijah. Nach tagelangen Gefechten erkennen die Überlebenden die Aussichtslosigkeit ihres Kampfes gegen die vor der Stadt liegenden US-Marines. Im Erdgeschoss des städtischen Krankenhauses tauschen sie ihre Uniformen gegen Zivilkleidung, weil sie von den schnell vorrückenden US-Soldaten oder den schiitischen Oppositionellen nicht erkannt werden wollen. Ihre Fahrzeuge lassen sie im Innenhof zurück und fliehen.

Der Einsatz von Spezialeinheiten

In der Nacht darauf stürmt ein amerikanisches Kommando das Krankenhaus, um die Obergefreite Jessica Lynch zu befreien, die am 23. März bei einem Gefecht in Nassirijah in Gefangenschaft geraten ist. Die «Task Force 20», eine verdeckt operierende Einheit speziell trainierter Soldaten, landet in verdunkelten Black-Hawk-Helikoptern. Marinesoldaten und «Army Ranger» – eine weitere Spezialeinheit – geben Deckung, während ein zweiter Trupp Marines mit einem Scheinangriff noch nicht desertierte irakische Truppen ablenken soll.

Die Männer der Task Force 20, die sonst nach Massenvernichtungswaffen suchen und Mitarbeiter des irakischen Waffenprogramms sowie Führer der Baath-Partei ausspähen sollen, rechnen mit erbittertem Widerstand. Im Briefing vor der Operation erfahren sie, dass sich regelmäßig bis zu hundert irakische Soldaten und Funktionäre der Baath-Partei in der Klinik aufhalten, die ein verdecktes Lagezentrum der Militärs sein soll. Geheimdienstberichten zufolge soll dort auch Ali Hassan Madschid, «Chemie-Ali» genannt und einer der Vertrauten Saddam Husseins, ein und aus gehen.

Doch als das Sonderkommando das Gebäude stürmt, erlebt es eine Überraschung. Statt auf verbissen kämpfende Republikanische Garden und Fedajin treffen die Männer auf verängstigte Ärzte, Schwestern und Patienten. Die Soldaten brüllen herum, treten Türen ein und zerstören medizinische Einrichtungen, obwohl sie in der Klinik nicht auf die kleinste Spur von Gegenwehr treffen. Wie eine Hollywood-Inszenierung sei ihnen die Kommandoaktion vorgekommen, beschweren sich Mitarbeiter des Krankenhauses und Patienten anschließend.

Die Rettung der «berühmtesten Soldatin des Krieges» erfolgt zu einem Zeitpunkt, da der Feldzug der Amerikaner zu stocken scheint und die Heimatfront sich weitere Erfolgsmeldungen wünscht. Bilder von der Befreiungsoperation werden weltweit gesendet, die heldenhafte Rettung der Obergefreiten aus Feindesgebiet gepriesen. Kein Wort davon, dass Gegenwehr ausblieb. Ein exklusiver Bericht auf der ersten Seite der «Washington Post» vom 3. April, der sich auf ungenannte Pentagon-Quellen beruft, hilft die Legende von der tapferen Soldatin zu verbreiten, die sich ihrer Gefangennahme widersetzt und Salve um Salve auf die irakischen Gegner feuert. Hinterher stellt sich heraus, dass Lynchs Gewehr Ladehemmung hatte – und manch andere Meldung ebenso wenig der Wahrheit entsprach.

Das PR-Desaster zeigt nicht nur, wie die US-Militärs die Medien für ihre Inszenierungen zu nutzen versuchen, sondern rückt zugleich die Arbeit der Spezialkommandos in die öffentliche Wahrnehmung. Auf deren besondere Fähigkeiten setzen die Amerikaner in diesem Krieg so stark wie nie zuvor. Die Sondereinheiten sind unter Namen wie «Task Force 20», «Navy Seals», «Army Rangers» oder «Delta Force» bekannt und agieren in einer Grauzone. Ihre genaue Organisationsstruktur und Truppenstärke bleiben geheim, über ihre Aufgaben wird nur selten offen berichtet. Zwar nehmen sie auch schon mal einen eingebetteten Journalisten an Bord, wenn sie per Hubschrauber hinter feindlichen Linien landen. Doch über ihre Mission herrscht strenges Stillschweigen.

Zu ihren Aufgaben gehören Rettungsaktionen wie im Fall Jessica Lynch oder die Aufklärung von Zielen für den Einsatz der amerikanischen Präzisionsbomben. Spezialkommandos kundschaften aber auch die Staudämme im Norden des Landes aus und messen deren Wasserstände. Die Alliierten haben offenbar Sorge, Saddam Hussein könnte versuchen, die ehemaligen Sumpfgebiete zwischen Nassirijah und Kut zu fluten, um den Vormarsch der Marines zu stoppen. Die Sümpfe hatte der Diktator eigens trocken legen lassen, weil sich dort 1991 die schiitischen Oppositionellen nach ihrem gescheiterten Aufstand versteckt hielten.

Andere Spezial-Teams helfen den kurdischen Peschmerga, sich auf den Kampf gegen irakische Truppen vorzubereiten, und versuchen damit, die eigentlich geplante Nordfront zu ersetzen.

Wieder andere Trupps besetzen Ölquellen im Norden Iraks bei Kirkuk und im Süden auf der Halbinsel Fao, angeblich, um die Iraker daran zu hindern, dort Sprengstoff anzubringen.

Damit wollen die Amerikaner einer vermuteten, groß angelegten Sabotageaktion zuvorkommen: Mitte März kursieren Gerüchte, wonach Saddam Hussein für den Kriegsfall die Sprengung der Ölförderanlagen angeordnet habe. Das Pentagon ist alarmiert und wird später sogar melden, der Einmarsch seiner Bodentruppen sei um 24 Stunden vorgezogen worden, weil es «Hinweise» auf «einige» brennende Förderanlagen gegeben habe.

Was als besonders umsichtiges Agieren der US-Generäle erscheinen könnte, kommt mir im Rückblick wie ein Propaganda-Trick vor. Nach dem Krieg versichert der Generaldirektor im Ölministerium, Nabil Fouzi, das Regime habe nie die Absicht gehabt, die Ölfelder in Brand zu setzen. Fouzi zufolge haben auch nicht «mehrere Ölquellen» gebrannt, wie das Pentagon behauptet. Das Ministerium habe nur von einem einzigen Brand erfahren, und dessen Ursache sei unbekannt.

Ein Fall von doppelter Propaganda? Die Phantombrände lassen sich jedenfalls auf beiden Seiten bestens instrumentalisieren: Saddam Hussein droht den USA, er werde die Ölförderung auf Monate, wenn nicht auf Jahre hinaus blockieren. Die US-Streitkräfte zeigen, wie «flexibel» sie sind und wie sehr sie sich um den Reichtum der Iraker, um ihre Ölvorkommen, sorgen. Ihre Eile beim Einmarsch in den Irak begründet Verteidigungsminister Rumsfeld damit, die Zerstörung der Ölquellen müsse verhindert werden. Es bleibt der Verdacht, dass die USA sich als Wohltäter der irakischen Zivilbevölkerung aufspielen wollten, indem sie angeblich irakische Bodenschätze gegen Sabotageakte des Regimes verteidigen.

Die Spezialkommandos waren ursprünglich den einzelnen Waffengattungen zugeordnet, unterstehen im Irak-Krieg aber einem eigenen Kommandeur. Sie treten in technisch hochgerüsteten Minitrupps oder in größeren Einheiten auf, sie sind per Funk und Laptops zentral vernetzt, sie landen mit getarnten Hubschraubern, sie bewegen sich mit Nachtsichtgeräten im Schutze der Dunkelheit.

Damit sind die einzelnen Teams in der Lage, auch größere Einsätze unter zentralem Kommando auszuführen. So sickern 25 bis 40 je etwa zehn Mann starke Gruppen schon vor Ablauf des Ultimatums in den Westen Iraks ein und schalten Beobachtungsposten im Grenzland zu Jordanien aus. Sie suchen nach Stellungen, von denen aus Raketen gegen Israel gestartet werden könnten, besetzen die Flughäfen «H2» und «H3», auf denen die Alliierten später Truppen und Gerät landen, und bringen damit ein Viertel des gesamten Landes unter ihre Kontrolle. Eine Aufgabe dieser Größenordnung hätte man früher einer ganzen Division anvertrauen müssen. Große Einheiten können die Alliierten aber nicht einsetzen, weil Jordanien eigenes Territorium nicht für einen Einsatz regulärer Truppen gegen den Irak bereitstellen will.

Weniger glaubwürdig kommen mir Berichte vor, dass amerikanische Scharfschützen schon vor dem Einmarsch der Amerikaner in Bagdad auf der Lauer liegen, um Mitglieder aus dem Führungszirkel Saddams auszuspähen und gezielt anzugreifen. Immer wieder frage ich Iraker, ob sie Hinweise auf solche Einsätze in der Hauptstadt haben. Doch keiner hat etwas bemerkt. Auch später wird nicht bekannt, dass Spezialagenten an die Türen irakischer Generäle geklopft hätten, um sie zur Kapitulation zu bewegen, wie US-Medien mehrmals berichten.

Besonders stolz sind die Militärs auf einen Einsatz, der ihnen die Kontrolle über die Kommunikationslinien des Regimes verschafft.

Sie zerstören das irakische Glasfasernetz, das für den Kommando-
verkehr benutzt wird, und zwingen damit die Staatsführung, auf
Funkfrequenzen umzusteigen, die die Alliierten dann abhören
können.

Taktik in der Wüste

Nicht nur das Glasfasernetz, auch die zivile Kommunikation wird
von den US-Truppen zerstört. Systematisch bombardieren sie in
der zweiten Woche des Luftkriegs die Sendeanlagen des irakischen
Fernsehens und die Fernmeldezentralen der irakischen Telefonge-
sellschaft. Während uns verboten ist, Schäden im Komplex des irakischen Fernsehens aufzunehmen, bietet das Informationsministerium Touren an, auf denen wir die zerstörten Telefonzentralen der
einzelnen Stadtteile filmen können.

Bab Al Moasam, das große Zentrum, wird Montagmorgen um
drei Uhr getroffen. Als wir um zehn Uhr dort ankommen, untersuchen verstörte Techniker das Gebäude, in dem sie jahrelang gearbeitet haben. Nichts funktioniere, die Zerstörung sei komplett,
meint einer. Ob eine Rakete oder eine lasergelenkte Präzisions-
bombe explodiert ist, lässt sich nicht sagen. Die Genauigkeit der
Zerstörung erweckt den Eindruck, als sei der Sprengkörper dem
Ziel angepasst worden. Die Explosion hat selbst im Keller noch eine
solche Wucht entwickelt, dass Teile des angrenzenden Bürgerstei-
ges hochgedrückt werden.

Auf der anderen Seite der Straße drängen sich Neugierige. Sie
wohnen in einem Elendsviertel mit den typischen Holzhäusern des
alten Bagdads. Hinter Holzgittern, die die Sonne abhalten sollen,
hängt auf den Balkonen Wäsche zum Trocknen. An den Fassaden
sind keine schweren Schäden zu erkennen. Die Präzision des Ein-
schlags und die Dosierung der Sprengkraft sollen die Einwohner
einschüchtern, und sie tun es auch. Es gebe nicht einmal Verletzte,
sagen Fernmeldetechniker und Bewohner des Viertels übereinstim-

mend – wohl auch, weil der Angriff nachts erfolgte, als die Straße völlig verlassen war.

Doch in Bagdad wurden am Wochenende angeblich mindestens achtundsechzig Zivilisten getötet. Überprüfen können wir die Angaben des Informationsministeriums schon lange nicht mehr. Sie dürften in diesen Tagen eher unter- als übertrieben sein, schätzt ein Mitarbeiter des Roten Kreuzes.

Während der Rückfahrt von der Fernmeldezentrale ins Hotel staut sich der Verkehr nach wenigen Hundert Metern vor dem Gorga-Markt. Groß- und Einzelhändler verkaufen Lebensmittel, Hygieneartikel, Gewürze und Süßigkeiten. Vor den Ständen an der Straße drängen sich die Menschen, aber die Haupteingänge in die Basare rechts und links der Straße sind verlassen. In den Basargängen haben nur noch vereinzelt Geschäfte geöffnet, und sie bieten wesentlich weniger an als vor zwei Wochen. Die Waren wurden nicht verkauft, sondern bereits vor Kriegsbeginn in Großlager am Stadtrand gebracht, um ihren Besitz vor Zerstörung oder Plünderung zu schützen.

In schwarze Gewänder gehüllte Schiitenfrauen kennen offensichtlich keine Angst. Sie hocken vor kunstvoll aufgestellten Dosen mit Babymilch. Ihr gleichgültiger Blick verrät mir nichts. Sie lassen sich filmen, aber Fragen wollen sie nicht beantworten. Das ist neu, denn bisher begannen sie geradezu auf Knopfdruck Schimpfkanonaden gegen die USA abzuspulen, wann immer eine Kamera lief.

Das Schweigen der schiitischen Händlerinnen ist ein weiterer Hinweis, dass die Stimmung kippt. Kampfschwüre gegen die vorrückenden US-Soldaten sind immer weniger mit Lobeshymnen für Saddam Hussein gespickt. Selbst seinen Anhängern dämmert, dass der Niedergang des Präsidenten nicht mehr aufzuhalten ist.

Neben einer Straßenüberführung stehen Obst- und Gemüsestände. Frische Kräuter und Salatköpfe sind nicht einmal wesentlich teurer geworden. Auch in den Vororten ist die Versorgung mit Gemüse nicht schlecht. Den Bananenhandel kontrollieren fliegende Händler, die ihre frische Ware aus Südamerika preisen. Meiner

Verwunderung begegnen sie mit dem Hinweis, die Bananen würden über die Türkei ins Land kommen. Da sich ihr Preis verdoppelt hat, dürften die kurdischen Schmuggler in diesen Tagen ein gutes Geschäft machen. Nicht nur Bananen, auch Zigaretten, Fruchtsäfte oder Dosenbier aus der Türkei bezeugen die Durchlässigkeit einer Front, an der seit zehn Tagen gekämpft wird. Es hat Tradition, wenn kurdische Peschmerga und irakische Soldaten in Kampfpausen Schmuggelkarawanen passieren lassen oder Gefechte sogar unterbrechen, um Abgaben für die Schmuggelwaren zu kassieren. Die Spezialtruppen der USA, die den Peschmerga seit Wochen über die Schulter schauen, scheinen daran nichts ändern zu können oder zu wollen.

Während des Marktbesuches wird Bagdad weiter angegriffen. Aus den Vororten, vor allem den südlichen, sind Einschläge zu hören. Kein Wunder, dass die Basare der Innenstadt halb geschlossen sind und sich nur wenige Autofahrer in das Zentrum wagen. Vor allem das Regierungsviertel auf der Westseite des Tigris wirkt wie ausgestorben. Doch auf dem Parkplatz des Informationsministeriums schenkt Omar unverdrossen Tee aus. Seine mit Eiern und Tomaten belegten rautenförmigen irakischen Brötchen waren vor den Angriffen ein Verkaufsschlager – frisch, frühmorgens sogar noch warm. Die ersten Angriffswellen nutzte Omar, um der Kundschaft alte Brötchen unterzujubeln. Jetzt hat er kaum noch Abnehmer. Selbst der Parkplatz, auf dem noch vor einer Woche Dutzende von Fahrern warteten, ist leer.

In den ersten Tagen nach Kriegsbeginn darf mein Kameramann Abdul Rasak nur im Rahmen organisierter Touren filmen. In Bussen werden ausländische Journalisten zu verschiedenen Schauplätzen gefahren – das Informationsministerium strebt die absolute Kontrolle an. Ziel der Touren sind zumeist Krankenhäuser. Kontakt zur Bevölkerung wird extrem erschwert, damit die wahre Stimmung der Menschen nicht gezeigt werden kann.

Aber die Auflagen zeigen bald keine Wirkung mehr. Am dritten Tag hat mein Team eine Ausnahmegenehmigung, mit der wir drehen dürfen. Anfangs ist einer der üblichen Aufpasser dabei, nach einer Woche verlässt auch ihn immer öfter der Arbeitseifer.

Manche Kollegen kokettieren mit den schweren Arbeitsbedingungen und nutzen die Konflikte mit dem Ministerium zur Selbstinszenierung. Sie wissen nicht einmal, dass die Zensur von Beiträgen ausländischer Journalisten schon 1991 offiziell abgeschafft wurde. Auch vielen Aufpassern ist das Ende der Zensur entgangen, und manche benehmen sich leider auch entsprechend. Ich halte Distanz, bin freundlich, behindern sie die Arbeit dennoch, bitte ich das Ministerium kurzerhand um einen neuen «Minder». Zur Schaffung einer Arbeitsatmosphäre trägt sicherlich bei, dass ich den Aufpassern ein festes Gehalt zahle und sie mir im Gegenzug Schauplätze zeigen oder Gesprächspartner vermitteln, an die ich sonst nicht herankomme.

Wichtig ist, dass ich mich schon am zweiten Tag wieder ohne Begleiter in der Stadt bewegen kann. Ich muss mich nur abmelden und sagen, dass ich essen oder einkaufen gehe. Und diese Möglichkeit nutze ich ausgiebig. Mein Fahrer übernimmt eine Art Garantie, dass ich Bagdad nicht heimlich verlasse.

Kritisch wird es nur nach einem Wortgefecht mit Udai al-Tai, dem Generaldirektor des Presseministeriums. Am Samstag, dem dritten Kriegstag, erkläre ich ihm, dass ich das Ministerium als erklärtes militärisches Ziel künftig nicht mehr betreten werde. Er schäumt vor Wut, weil der Auszug der Journalisten die Wahrscheinlichkeit eines Bombardements auf das Ministerium erhöht, aber ich stehe zu meinem Wort. Ich will unbedingt, dass der Umzug des Pressezentrums ins Hotel genehmigt wird. Im Kollegenkreis kommen wir überein, jeder auf seine Weise Druck auszuüben.

Am Abend gibt sich Direktor al-Tai versöhnlich, und ich bin erleichtert. Wir machen Aufnahmen und Interviews in einem Wohnviertel, in das eine Rakete eingeschlagen ist. Nur noch zwei weitere Kameras sind dabei, den anderen ist die Gefahr offensichtlich zu groß. Doch von Frieden mit dem Ministerium kann keine Rede sein. Zwei Stunden später erscheinen Geheimdienstmitarbeiter in meinem Zimmer und beschlagnahmen das Satellitentelefon. Für die Arbeit bedeutet der Zwischenfall nur eine kleine Behinderung, da ich bereits wenige Minuten später mein nicht registriertes Ersatztelefon nutze.

Eine Woche dauert das Tauziehen zwischen den ausländischen Journalisten und der Führungstruppe des Informationsministeriums. Wir fühlen uns von Raketen bedroht, weil ein Flugabwehrgeschütz auf dem Dach steht und das Ministerium damit zum militärischen Ziel werden lässt. Praktisch wird das Ministerium seit dem dritten Kriegstag von den meisten ausländischen Journalisten boykottiert. Zwar finden im Nebengebäude noch die Auftritte der Minister statt. Doch Pressekonferenzen in den Abendstunden werden vom dritten Tag an in Festsäle der Hotels verlegt. Kabinettskollegen von al-Sahaf sind offenbar nicht mehr bereit, in das bedrohte Ministerium zu kommen.

Nach den Angriffen auf das Ministerium ist auch Minister al-Sahaf gezwungen, das Pressezentrum für ausländische Journalisten offiziell zu schließen und dem Umzug ins «Hotel Palestine» zuzustimmen. Letztlich dürfte selbst der Minister froh gewesen sein, sein Amtszimmer räumen zu können.

Journalisten betreten das Ministerium nicht mehr, seit John Burns von der «New York Times» die Nachricht aus dem Weißen Haus erhält, die Schonzeit für das Gebäude sei abgelaufen. Weil er die Meldung, wie beauftragt, an Kollegen weiterleitet und auch bei Vertretern des Ministeriums durchscheinen lässt, zerren ihn Geheimdienstbeamte aus dem Hotel, verhören und bedrohen ihn und entlassen ihn erst, nachdem sie ihm Geld und persönliche Gegenstände abgenommen haben. John Burns bleibt und arbeitet in Bagdad bis zur Ankunft der US-Truppen als persona non grata. Die angeordnete Ausreise verschiebt er immer wieder mit dem Argument, eine Fahrt nach Jordanien oder Iran sei zu gefährlich.

Am Morgen nach den schweren Einschlägen räumen Unbekannte die Büros der ausländischen Journalisten leer. Einige der Diebe werden sogar geschnappt. Das ZDF bekommt Fernseher und Satellitenreceiver zurück, weil ein ehemaliger Assistent beobachtet wird, als er den Beutezug anderer nutzt, Geräte wegzuschleppen. Trotz intensiver Befragungen leugnet er die Tat. Schließlich fällt ihm aber doch ein, dass er die Geräte zu Hause gelagert habe, damit sie keinen Schaden nähmen.

Auch nach den ersten Einschlägen muss ich für die Live-Gespräche mit dem ZDF oder dem Schweizer Fernsehen noch zum Parkplatz des zerstörten Ministeriums fahren. Oft entwickeln sich die Auftritte zu einer Zitterpartie – insbesondere, wenn am Himmel Flugzeuge auftauchen oder Sirenen vor einem Angriff warnen. Mehrfach schlagen Bomben nur ein bis zwei Kilometer entfernt ein. Einige Male wird es wirklich knapp, und kurz nach der Rückkehr ins «Palestine» hören wir die Einschläge auf der anderen Seite des Tigris.

Seit dem ersten Wochenende im April sind die Satellitenanlagen auf dem Vordach oder im Garten des Hotels installiert. Aufnahmen und Beiträge schneiden wir schon seit Beginn der Angriffe in einem Büro im 15. Stock. Im Nebenzimmer hat die Nachrichtenagentur Agence France Press ihr Büro, im Eckzimmer der anderen Seite arbeiten die Kollegen von Reuters. Schneller mündlicher Kontakt wird immer wichtiger, nachdem die Telefone ausgefallen sind. Bis Montagmorgen zerstören die Alliierten in Bagdad zehn Fernmeldezentralen. So ist zunehmender Straßenverkehr am Nachmittag auch ein Zeichen, dass sich Familienangehörige und Freunde besuchen, weil sie nicht mehr telefonieren können.

In meinem Beitrag für die «Heute»-Nachrichten verwende ich Bilder des arabischen Senders al-Dschasira. US-Einheiten haben nahe der Stadt Nadschaf mehrere Panzer und einen Tankwagen verloren. Ein Abrams-Panzer brennt, doch es ist durchaus möglich, dass irakische Kommandos ihn noch einmal beschossen haben, um den Aufnahmen größere Dramatik zu verleihen. Die Bilder lassen aber wenig Zweifel, dass der Vormarsch der US-Truppen an dieser Stelle ins Stocken gerät. Sicher ist auch, dass die Panzerverbände der 3. US-Infanteriedivision in der Wüste westlich der Schiitenstädte Nadschaf und Kerbala lagern. Doch weder die USA noch Irak berichten Einzelheiten von den Kämpfen. In Bagdad normalisiert sich das Leben trotz der Luftangriffe, weil die Menschen wissen, dass die Truppen nicht weiter vorrücken.

Eigentlich habe ich eine Genehmigung, in Kerbala zu drehen. Doch seit Tagen wird die Fahrt ohne stichhaltige Gründe verschoben. Samstag waren es noch Sicherheitsbedenken. Nun heißt es, eine Einzelfahrt sei nicht mehr erlaubt, eine Gruppenfahrt werde organisiert. Tatsächlich scheint eine Reise nach Kerbala nicht ungefährlich zu sein: Am Busbahnhof im Westen Bagdads berichten Taxifahrer, mehrere Fahrzeuge seien zerstört, Wracks säumten den Straßenrand. Vor allem nach der Abzweigung in Machmudijah seien die Wagen von Hubschraubern angegriffen worden.

Dass achtzig Kilometer südwestlich von Bagdad gekämpft wird, ist seit Tagen bekannt. Und wenn die Buspassagiere aus Kerbala nach ihrer Ankunft in Bagdad berichten, Hunderte von Bewaffneten seien in die Schiitenstadt gekommen, ist das nicht weiter aufregend. Doch ein Taxifahrer erzählt, Schlüsselstellungen von Kerbala würden von Kommandos der Republikanischen Garden kontrolliert. Männer mit den kleinen roten Stoffdreiecken auf dem Uniformärmel seien in die Stadt eingerückt. Diese Information ist hochinteressant, denn sie deutet darauf hin, dass die Eliteeinheiten die US-Truppen nicht erst in Bagdad, sondern schon weiter im Süden stoppen sollen. Glaubt man den Gerüchten, sind Gardisten auch in Basra und Nassirijah eingesetzt. Wahrscheinlich kämpfen eben nicht nur Stammeskämpfer und Bauernmilizen oder Parteikommandos an der Seite der regulären Armee, sondern auch Elitetruppen, deren Einsatz Saddam Husseins Minister seit Tagen für die Schlacht um Bagdad ankündigen.

Am Mittwoch dürfen wir dann doch in den Süden fahren. Nicht mit eigenem Wagen, sondern die übliche Korrespondentenfahrt in zwei Bussen des Ministeriums. Da Hillah, eine Schiitenstadt hundert Kilometer südlich von Bagdad, unser Ziel ist, bin ich nervös und angespannt. In dem Gebiet wird seit Tagen gekämpft. Am Tag zuvor hat al-Dschasira Aufnahmen aus dem Krankenhaus der Stadt gezeigt, in dem Opfer von Streubomben behandelt werden, die US-Flugzeuge in der Nähe umliegender Dörfer abgeworfen haben sollen. So nähern wir uns dem Gebiet, in dem US-Truppen seit zehn Tagen kämpfen und, so jedenfalls die irakische Version, nicht mehr vorwärts kommen.

In den südlichen Vororten von Bagdad stehen rechts und links der Straße schlecht oder gar nicht getarnte Flugabwehrgeschütze. Ob die Soldaten sich verstecken oder schon desertiert sind, kann ich nicht erkennen. Dieses Gebiet ist tagelang bombardiert worden, doch merkwürdigerweise sehe ich nur selten Spuren von Einschlägen. Hin- und wieder erkenne ich zerstörte Stellungen.

An der Straße Richtung Machmudijah ist so gut wie kein Militär zu erkennen. Doch Armeelaster auf Fabrikanlagen abseits der Straßen deuten darauf hin, dass sich die Iraker sehr wohl auf den Vormarsch der US-Truppen vorbereiten. In Machmudijah sind viele Geschäfte geschlossen, aber auf den Märkten drängen sich die Menschen. Hier schlagen Händler Gemüse für Bagdad um und verkaufen Esel, Ziegen, Hühner und Schafe.

Erst weiter südlich, etwa fünfzig Kilometer von Bagdad entfernt, sehen wir irakische Truppenbewegungen. Rechts und links der Straße lagern Soldaten. Doch ihre Geschütze sind seltsamerweise nach Osten ausgerichtet, obwohl die US-Einheiten westlich stehen. Bis heute weiß ich nicht, ob es ein Zeichen von Ungehorsam ist, wenn die Soldaten keine Kampfposition beziehen, oder ob sie einer Taktik folgen. Die Frage drängt sich auf, warum die Geschütze und Mannschaftstransporter von der US-Luftwaffe nicht angegriffen werden, wo sie doch so deutlich sichtbar sind.

Selbst der große Palast von Saddam Hussein an der Abzweigung nach Babylon ist nur durch zwei kleine Flakgeschütze gesichert. Anders als in Machmudijah sind in Hillah kaum noch Menschen auf der Straße. Die Stadt liegt drei Kilometer südlich von Babylon, dem historischen Zentrum Iraks, und damit mitten in den Kerngebieten der Schiiten.

Ein Polizist in der Stadtmitte erklärt dem Busfahrer den Weg zum Krankenhaus. Die meisten Verletzten sind Opfer von Streubomben. Selbst auf den Fluren werden sie behandelt. Eine Frau, zu der mich Direktor Saad al-Falluji führt, kann nicht sprechen. Al-Falluji sagt, sie sei erst 36 Stunden nach Abwurf der Bomben verletzt worden, als sie eine Kuh melken wollte und diese auf einen Sprengsatz getreten sei. Die Indizien sind erdrückend: US-Truppen werfen die geächteten Streubomben ab, von denen mindestens zehn Prozent nicht beim Aufschlag, sondern später explodieren. Nach Angaben von Human Rights Watch setzen die Alliierten während der 21-tägigen Kämpfe etwa zweitausend Streubomben ein.

Ein junger Bauer klagt, Flugzeuge hätten Kisten mit Bomben abgeworfen. Splitter haben seinen Bauch aufgerissen. Der 28-Jährige beteuert mit schwacher Stimme, er sei kein Soldat. Aus seinen verzweifelten Blicken spricht mehr als Angst und Betroffenheit. Der Bauer ist schockiert und empört und will mir vermitteln, dass er mit dem Krieg nichts zu tun habe. Der Bericht seines am Bett sitzenden Bruders geht in die gleiche Richtung. Im gesamten Dorf seien keine Soldaten oder Milizen, dennoch habe das Flugzeug mehrere Streubomben abgeworfen. Weil er seinen Bruder versorgt hat, kann er weiter nichts über den Angriff sagen, bei dem auch einer seiner Cousins getötet wurde. Überhaupt scheinen im ganzen Zimmer nur Verwandte behandelt zu werden. Alle wollen mit den Kämpfen nichts zu tun haben, keiner preist das Regime, keiner verdammt die Amerikaner. Sie distanzieren sich von beiden Seiten – eine Haltung, die in Bagdad nicht so offen gezeigt wird.

In einer Teestube auf der anderen Straßenseite sitzen Taxifahrer, die sonst Pilger zu den schiitischen Heiligtümern in Nadschaf und Kerbala bringen. Auch sie ärgern sich über die Splitterbomben: «Die Amerikaner sollen die Armee angreifen. Stattdessen bekämpfen sie Zivilisten mit Streubomben.» Kadim Habib erntet Widerspruch von einem Kollegen: So etwas dürfe er nicht sagen, wispert der ihm zu, das gehe zu weit. Auch bei ihm wird die Distanz zum Kriegsgeschehen deutlich.

Seit den Morgenstunden ist der Verkehr nach Nadschaf unterbrochen. Bisher haben die Fahrer nicht einen einzigen Wagen gesehen, der nach Hillah durchgekommen wäre. Nach Nadschaf will auch keiner fahren. Ein Alter berichtet von Kämpfen in der Nähe der Stadt, US-Truppen könnten sogar schon ins Stadtgebiet vormarschiert sein. Er scheint nichts dagegen zu haben, solange sie sich von der Moschee des Imam Ali, dem Grabmahl, fernhalten.

Mich überrascht diese direkte Äußerung. Doch die Offenheit im Teehaus ist kein Zufall: Die Mehrheit der Schiiten lehnt den Krieg ab. Viele von ihnen sind froh, dass die US-Truppen Saddam Hussein stürzen wollen, auch wenn sie ihre Gefühle nicht zeigen. Die Menschen treten selbstbewusst auf, weil sie sich durch die Fatwas, die Gutachten ihrer religiösen Führer, geschützt fühlen. Die meisten schiitischen Rechtsgelehrten leben in Nadschaf und unterrichten an der theologischen Hochschule, unter ihnen auch der bekannteste, Ajatollah Osman Sistani. Er und seine Kollegen widerstehen in den Wochen vor dem Krieg dem Druck Saddam Husseins und geben kein Fatwa zum Dschihad, keinen Aufruf zum Heiligen Krieg, heraus. Ein Fatwa ist ein Gutachten mit Befehlscharakter. Für die Staatsführung in Bagdad bedeutet diese Weigerung einen herben Rückschlag, weil die Anhänger der Gelehrten damit keiner religiösen Pflicht unterliegen, am Krieg teilzunehmen.

Statt des Fatwa zum Dschihad erlassen die Gelehrten ein Fatwa zum Defaa – einen Aufruf, sich zu verteidigen. Ein solches Fatwa ist für einen Moslem nicht ungewöhnlich, weil etwas Selbstverständliches betont wird: Der Gläubige wird verpflichtet, sich selbst, seine Familie, sein Haus und auch seine Moschee zu verteidigen. Saddam Hussein gibt sich damit zufrieden und lässt in den staatlichen Zeitungen verkünden, Großayatollah Sistani habe zum «Heiligen Krieg» aufgerufen. Die Geistlichen von Nadschaf reagieren nicht öffentlich, da sie eine direkte Konfrontation mit Saddam Hussein scheuen. Doch unter ihren Anhängern lassen sie systematisch verbreiten, es gebe nur ein Fatwa zum Defaa. Die Schiiten müssten sich nicht am Krieg beteiligen, da es nicht ihr Kampf sei. Von Ohr zu Ohr wird die Nachricht in Moscheen und den Zirkeln von Gläubigen verbreitet und zersetzt schleichend die Wehrkraft.

Daher fehlt den irakischen Streitkräften gerade im Süden die Unterstützung der Bevölkerung. Wenn der Informationsminister die Heldentaten von Bauern und Stammeskämpfern preist, versucht er diesen Mangel an Unterstützung propagandistisch auszugleichen. Die distanzierte Haltung der Bevölkerung wird vor allem in Basra und Nassirijah deutlich. Zwar nutzen die irakischen Kommandos die Siedlungen, um sich nach Angriffen dorthin zurückzuziehen und es Briten und Amerikanern zu erschweren, sie aus der Luft anzugreifen. Parteikader und -kommandos missbrauchen das Krankenhaus von Nassirijah aber auch deshalb als Basis, weil sie sich in der Stadt nicht richtig verteilen können. Um die fehlende Kampfbereitschaft der Bevölkerung auszugleichen, schickt die Führung in Bagdad Eliteeinheiten in den Süden.

Großayatollah Sistani äußert sich öffentlich erst nach dem Einmarsch der 101. Luftlandedivision in Nadschaf. Er fordert die Bewohner auf, sich ruhig zu verhalten und die US-Truppen nicht anzugreifen. Schon zu Beginn des Krieges appelliert Mohammad Bakir Al-Hakim, der Vorsitzende des Obersten Rates der Islamischen Revolution im Irak, aus dem Teheraner Exil an seine Landsleute, sich nicht am Krieg zu beteiligen. Der Sturz Saddam Husseins sei vordringlich. Gefragt, was er von der vagen Haltung von Großayatollah Sistani und den anderen geistlichen Würdenträgern in Nadschaf halte, verteidigt Hakim die Gelehrten. Die Geistlichen befänden sich in einer «besonderen Situation».

Im Teehaus in Hillah und im Krankenhaus äußern die Menschen offen ihre Distanz zum Krieg, sie sind überzeugt, die US-Truppen seien nicht mehr zu stoppen. Auf mich wirken sie wie Zuschauer und nicht wie Beteiligte. Auf der Rückfahrt stelle ich fest, dass sich an den Stellungen nichts geändert hat. Die Geschütze zeigen weiter nach Osten, Soldaten sitzen unter Dattelpalmen und trinken Tee. Welchen Auftrag sie haben, bleibt unklar. Vielleicht sollen sie den Vormarsch der US-Truppen über diese Straße verhindern. Das wäre ihr Glück, denn über diese Straße rückt die 3. Infanteriedivision nicht vor. Die kleinen Vorstöße der Division in Richtung der Euphratbrücken bei Nadschaf, Kerbala oder Samawah dienen vor allem zur Ablenkung der irakischen Verbände und zur Verschleierung der geplanten Marschrichtung Bagdad. Meldungen über logistische Probleme der in der Wüste lagernden US-Truppen bieten dem irakischen Generalstab einen Anlass, Truppen in den Süden zu verlegen, um die US-Truppen an der Überquerung des Euphrats zu hindern. Eine Verlegung erscheint umso dringlicher, als die US-Luftlandetruppen bei Nadschaf eingesetzt werden.

Die Hoffnungen der US-Strategen gehen in Erfüllung. Eliteeinheiten der Republikanischen Garden erhalten den Befehl, weit südlich von Bagdad gegen die US-Truppen zu kämpfen. Der irakische Generalstab fällt auf eine klassische Kriegslist herein: US-Einheiten inszenieren Gefechte am Euphrat, um den Panzerspitzen der 3. Infanteriedivision den Weg nach Bagdad zu öffnen. Meldungen über die Probleme der US-Truppen und über strategische Differenzen zwischen US-Verteidigungsminister Rumsfeld und seinen Generälen sind vermutlich Teil der Inszenierung. US-Journalisten, die mit den Verbänden der 3. Infanteriedivision vorrücken, berichten, dass niemals geplant war, den Euphrat im Süden des Landes zu überschreiten. Der geplante Durchbruch zwischen Kerbala und dem See Buhairat ar-Rasasa sei den Offizieren so wichtig gewesen, dass sie eigene Verluste bei den Ablenkungsgefechten in Kauf nahmen. Die Nervosität sei spürbar gewesen, alle Beteiligten seien sich des großen Risikos bewusst gewesen.

Der Grund war, dass die Iraker in der Enge zwischen Kerbala und dem See einen vernichtenden Gegenangriff hätten starten können. Doch als die Kommandozentrale am Donnerstagnachmittag auf ihren Computerschirmen in Doha die ersten Einheiten den Wüstenstreifen passieren sieht, gibt es keine Gegenwehr. Die Kriegslist ist geglückt, der Weg nach Bagdad frei. Noch am Abend durchbrechen die ersten Panzer die Mauern des «Saddam Hussein International Airport» und rücken auf die Hauptstadt vor.

Psychologische Kriegführung

Der Vormarsch der Infanterie- und Marinedivisionen wird begleitet durch die bisher umfangreichsten Maßnahmen psychologischer Kriegführung. US-Flugzeuge werfen Flugblattbomben ab, die in 1300 Meter Höhe explodieren und Millionen von Faltblättern auf Kasernen und Truppen niederregnen lassen. Die Botschaft auf den Zetteln appelliert an das Eigeninteresse der Menschen: «Lasst nicht das Schicksal von Saddam Husseins Regime zu Eurem Schicksal werden», heißt es dort. Soldaten und Zivilbevölkerung werden aufgefordert, die amerikanischen Radiosendungen einzuschalten, die von eigens dafür ausgerüsteten C-130-Flugzeugen ausgestrahlt werden. An Bord sitzen die Spezialisten vom «Commando Solo», die den Irakern versichern: «Die Koalitionstruppen wollen euch, den irakischen Soldaten, keinen Schaden zufügen. Aber um euch zu retten, müsst ihr folgende Anweisungen befolgen: Bringt die Artillerie und Flugabwehrraketen in Transportstellung, hisst weiße Flaggen auf allen Fahrzeugen und sammelt euch mindestens einen Kilometer weit entfernt von euren Wagen oder Stellungen.» Auf anderen Flugzetteln lesen die Soldaten über einem Bild von Saddam Hussein, der auf einer Art Thron sitzt: «Er lebt in großer Pracht, während deine Familie um ihr Überleben kämpft. Wer braucht dich mehr – deine Familie oder das Regime? Geh nach Hause zu deiner Familie.»

Der Psychokrieg beginnt lange vor dem ersten Angriff. Schon seit Dezember senden Radioeinheiten aus den Nachbarstaaten Popmusik und Nachrichten. Ein Kurzwellensender, der sich nach Saddam Husseins Geburtsort «Radio Tikrit» nennt und offenbar vom Auslandsgeheimdienst CIA betrieben wird, tarnt sich als regimefreundlich und schwenkt langsam auf Oppositionslinie um. Nach den ersten Angriffen werden die Sendungen verstärkt, die Flugzeuge werfen zusammen mit den per Flugblatt verteilten Frequenzhinweisen sogar kleine Kurzwellenradios mit Kurbelbetrieb ab.

«Das kann nicht wahr sein, das sind ja die Amerikaner», ruft mein Producer Falah Saki in der ersten Kriegswoche und ist ganz begeistert, als er auf seinem Transistorradio den Militärsender empfangen kann. Die Botschaften, die er hört, sind martialisch – «Wir gewinnen den Krieg, komme was wolle» – oder werbend – «Wir bringen den Sieg des irakischen Volkes».

Bei ihrer Propaganda müssen die Amerikaner allerdings mit einer schweren Hypothek leben. Schon 1998 hatten sie Flugblätter mit der Aufforderung zur Desertion über einer Kaserne abgeworfen. Damals kam die Befolgung der Anweisungen dem Selbstmord gleich, und Deserteure wurden sofort hingerichtet. Diesmal wird die Aufforderung von der massiven Präsenz der Bodentruppen begleitet und zeigt mehr Wirkung: Überall stoßen US-Soldaten auf leere irakische Militärfahrzeuge und weggeworfene Uniformen. Andere Saddam-Kämpfer, die nicht mehr rechtzeitig in der Zivilbevölkerung untertauchen können, ergeben sich mit einem Flugblatt in der Hand.

Ein Zeichen, dass die Wurfsendungen das Regime beschäftigen, liefert Saddam Hussein selbst. «Glauben die Amerikaner wirklich, sie können die 11. Division mit Flugblättern erschüttern?», fragt der Diktator bei einem Treffen mit seinen Kommandeuren, von dem das irakische Fernsehen einen Ausschnitt zeigt. Dass Saddam sich mit den Flugblättern überhaupt befasst, werten die Amerikaner als Beweis dafür, dass sie mit ihrer psychologischen Kriegführung auf dem richtigen Weg sind.

Eine zweite Welle psychologischer Aktionen nutzt modernste Technologien. Per Internet und Telefon versuchen die Psycho-Krieger, Geheimdienste und Republikanische Garden zu unterwandern: Computer-Spezialisten überschwemmen die E-Mail-Konten irakischer Offiziere mit der Aufforderung, schnell zu desertieren, damit sie nicht als Kriegsverbrecher zur Rechenschaft gezogen werden. Mitglieder anderer Einheiten melden sich auf Handys und Privatanschlüssen irakischer Amtsträger, um sie zum Umsturz zu überreden.

Bei den ersten Gefechten beschallen die US-Truppen Schützengräben und Stellungen der irakischen Armee und der Republikanischen Garden mit dröhnender Rock-Musik, lauten Störgeräuschen, Geschützdonner oder arabischen Parolen. Ihre Fahrzeuge und Hubschrauber sind mit besonders leistungsfähigen Lautsprechern bestückt. Beleidigungen, in denen die Wehrhaftigkeit der Gegner bezweifelt wird, gehören ebenso zu ihren Botschaften wie die Aufforderung zur geordneten Kapitulation.

Gezielt gestreute Gerüchte sind ebenfalls ein klassisches Mittel psychologischer Kriegführung. Wenn US-Verteidigungsminister Donald Rumsfeld kurz nach Kriegsbeginn behauptet, die USA verhandelten mit Teilen der irakischen Armeeführung über eine Kapitulation, soll Unsicherheit im Umfeld von Saddam Hussein erzeugt werden. Ob die Meldung wahr ist oder nicht – die irakische Führung könnte sich fragen, ob sich möglicherweise doch jemand aus ihren Reihen Gedanken über die Zeit nach dem Krieg macht.

Vieles gelingt den Psycho-Spezialisten – die Sympathien der irakischen Bevölkerung können sie allerdings nicht gewinnen. Dies zeigt drastisch die Situation in den schiitischen Gebieten, wo sich die Menschen bestenfalls neutral verhalten. Da hilft es den Amerikanern wenig, dass das Arabisch, in dem die Flugblätter und Sendungen abgefasst sind, erheblich besser ist als bei früheren Versuchen. Vor allem, weil sich viele Einheimische über die rabiate Argumentation der amerikanischen Botschaften beschweren. Sätze wie «Ergebt euch oder ihr müsst sterben» eignen sich schlecht als vertrauensbildende Maßnahme. Sie können die Zivilbevölkerung nicht davon überzeugen, dass sie es mit wohlmeinenden Befreiern zu tun hat.

Als nur wenige Iraker den amerikanischen Einheiten zujubeln, wird klar, dass die US-Soldaten die Probleme unterschätzt haben und auf ihre Aufgabe schlecht vorbereitet worden sind. Die naive Erwartung, dass ihnen die Menschen danken, nur weil sie die Herrschaft von Saddam Hussein beenden, wird enttäuscht. Schon Stunden nach dem Einmarsch ist deutlich, dass den US-Strategen die Vorstellungskraft und das Einfühlungsvermögen fehlen, um sich in die Gedankenwelt der Iraker hineinzuversetzen. Die Menschen misstrauen den Amerikanern zutiefst und erinnern sich mit Entsetzen daran, wie US-Präsident Bush senior nach dem Ende des Kuwait-Krieges 1991 die Kurden und Schiiten zum Aufstand ermuntert hat, Saddam Hussein aber nicht stoppte, als der die Revolte brutal niederschlug.

Den Amerikanern wird nach dem Fall Bagdads schmerzhaft bewusst werden, dass sich zwar die Ablösung der Gewaltherrschaft von Saddam Hussein, nicht aber der schwierige Wiederaufbau der irakischen Gesellschaft mit militärischen Mitteln bewerkstelligen lässt.

«Speed kills»

Über Ausrüstung, Material und Waffensysteme ihres Militärs hat sich die amerikanische Regierung deutlich mehr Gedanken gemacht als über die zivilen und gesellschaftlichen Nebenwirkungen der Eroberung Iraks.

Die technischen Neuerungen sind nicht zu übersehen: Kleine Antennen an Panzern und Mannschaftswagen, Sprechfunkgeschirre und Nachtsichtgeräte bei Soldaten zeigen, dass die elektronische Kommunikation inzwischen auch auf dem Schlachtfeld Einzug gehalten hat. Zwar durchqueren amerikanische Infanteristen und Marines die Wüste noch immer mit ihren M1-Abrams, die schon seit Jahren im Dienst sind. Doch die Panzer sind inzwischen umgerüstet und verfügen über modernste Ortungs- und Kommunikationssysteme. Ebenso die Bodentruppen: Sie können sich untereinander über Sprechfunk verständigen, auch wenn sie keinen Blickkontakt haben.

Allerdings bleibt auch die hochgerüstete US-Armee nicht von Pannen verschont. Dass die Obergefreite Jessica Lynch mit ihrer Nachschubeinheit in Nassirijah in einen Hinterhalt gerät und gefangen genommen wird, liegt an einem simplen Kommunikationsfehler. Der Funkkontakt zur Gruppe um Lynch war zeitweise abgerissen, und die Soldaten wurden nicht darüber informiert, dass sich die Marschroute der 3. Infanteriedivision bereits geändert hatte.

Der Fall Lynch zeigt aber ebenso, dass die Iraker nur aus technischen Problemen oder menschlichem Versagen der Amerikaner Vorteile ziehen können. Ihr Ausrüstungsstand liegt um Generationen hinter dem ihrer Gegner. So haben sie praktisch keine Chance, sich gegen Angriffe bei Dunkelheit zu wehren, bei denen die US-Truppen Nachtsichtgeräte einsetzen und wie unter einer Tarnkappe agieren. Erst der heftige Sandsturm bremst deren nächtlichen Vormarsch.

Die Iraker werden dagegen ausgespäht, sobald sie sich bewegen: Aufklärungsdaten aus Awacs-Flugzeugen, aus bemannten oder unbemannten Drohnen fließen ohne Zeitverzug in die amerikanischen Kommandosysteme ein. Von der Bestimmung eines strategischen Ziels bis zum Einschlag einer Rakete oder Bombe vergehen nicht mehr wie früher Stunden, sondern nur noch Minuten. «Zielaufklärung und Zielbekämpfung sind zusammen gewachsen», staunt der irakische Raketenforscher Karim A. al-Rawi. Er erzählt mir im Mai, den USA sei es während des gesamten Kuwait-Krieges 1991 nicht gelungen, auch nur eine einzige Scud-Rakete am Boden zu treffen. In diesem Krieg seien dagegen wiederholt al-Samud-II-Raketen zerstört worden, sobald sie aus ihren Unterständen geholt und zum Abschussort transportiert wurden. Selbst der heftige Sandsturm habe die amerikanischen Aufklärungssysteme nicht verwirren können. Der irakische Raketentechniker ist von der schnellen Entwicklung der US-Waffensysteme, deren Funktionsweise er sich im Detail nicht einmal vorstellen kann, tief beeindruckt.

Was die irakischen Experten zutiefst irritiert, beschreibt das Pentagon als netzwerkzentrierte Kriegführung: Bei den Amerikanern kommunizieren Armee, Luftwaffe, Marine und Special Forces direkt miteinander und stimmen ihre Operationen ab. In der Kommandozentrale in Doha können die US-Generäle auf riesigen Fernseh- und Computerschirmen praktisch live verfolgen, wo die eigenen und gegnerischen Truppen liegen.

Als die 3. Infanteriedivision östlich des Sees Buhairat ar-Rasasah durch die Kerbala-Enge in Richtung Bagdad vorstoßen soll, verfolgt der Oberkommandierende Tommy Franks einen kleinen blauen

Punkt, der dem Rest der Division um acht bis zehn Meilen vorausstürmt. Der blaue Punkt stellt eine Kompanie dar, und nach kurzer Suche auf den Fernsehschirmen findet Franks den Sender des Reporters, der die Einheit begleitet und deren Sturmlauf live kommentiert.

Fünf Minuten später, sagt Franks, habe ihn Armee-Kommandeur David McKiernan angerufen und beruhigt: «Sie haben sicher den blauen Punkt bemerkt. Machen sie sich keine Sorgen, seine Freunde sind neun Meilen hinter ihm. Und sie holen schnell auf. In einer Stunde werden sie alle zusammen am Internationalen Flughafen sein.» Die ungeheure Aktions- und Reaktionsgeschwindigkeit, die der Einsatz moderner Informationstechnologie ermöglicht, fasst General Franks mit zwei Worten zusammen: «Speed kills». Der Oberkommandierende greift dabei auf die alte sowjetische Militärdoktrin zurück, wonach es Ziel der eigenen Strategie sein müsse, die Entscheidungsprozesse des Gegners zu unterlaufen und die passende Reaktion auf jede seiner möglichen Aktionen schon weit vorauszuplanen. «In unserer Fähigkeit vorherzusagen, was sie tun würden, waren wir den Irakern um 48 bis 72 Stunden voraus», sagt Franks. Damit hatten die irakischen Streitkräfte kaum eine Chance zur Gegenwehr, weil ihnen sämtliche Reaktionsmöglichkeiten genommen werden.

Während pensionierte Generäle als Kommentatoren in Fernsehsendungen bewundernd vom «Krieg des 21. Jahrhunderts» sprechen, wird allerdings auch klar, dass die amerikanischen Truppen mit den schlecht ausgerüsteten Divisionen Saddam Husseins überaus leichtes Spiel haben. Die Hightech-Armee der USA wird im Irak nicht ernsthaft auf die Probe gestellt. So kann sie fast mühelos an einem Gegner vorbeiziehen, dem sie die Kommunikations- und Kommandostrukturen nimmt und damit seine Kampfkraft zermürbt.

Kapitel 4

DIE EROBERUNG BAGDADS

«Die Flugzeuge sind wie Tauben am Himmel herumgeflogen. Dann gab es Raketen, dann die Luftabwehr, Bomben auch. Ich konnte die Geräusche nicht unterscheiden, aber manche waren sehr, sehr laut», klagt Stefanie Burkhardt, «einmal waren sie so laut – ich dachte schon, der Krieg zieht hier in meinen Garten ein.» Nicht einmal sechs Kilometer vom Flughafen entfernt erlebt die deutsche Dozentin in der Nacht zum Freitag den Beginn des Bodenkampfes in Bagdad. Sie wohnt mit Ehemann Abdul Ilah im Stadtteil Amarijah. Genaue Informationen über die militärische Lage gibt es nicht, aber in den arabischen Programmen von Radio Monte Carlo und der BBC hören die Menschen, dass US-Einheiten von Süden kommend den Flughafen erreicht haben sollen. Am Gefechtslärm erkennen sie, dass die irakischen Streitkräfte eine Gegenattacke starten. In der Nacht zum 4. April beginnt der Bodenkrieg in Bagdad.

Trotz verschiedener Sperren ist es mir gelungen, das Haus des Ehepaars zu erreichen. Die große Straße zum Flughafen wäre der schnellste Weg, doch sie ist blockiert: Über sie erhalten die irakischen Kommandos Nachschub für ihren Gegenangriff. Die US-Truppen werden aus dem Südwesten durch weitere Einheiten verstärkt und kontrollieren immer größere Teile des Flughafens. Selbst vormittags donnern die Kampfjets der US-Luftwaffe über Amarijah. Der Mut der Verzweiflung lässt Stefanie Burkhardt und ihren Mann hier ausharren.

Von Stunde zu Stunde wird es gefährlicher, da aus einer nahe gelegenen Luftabwehrstellung noch sporadisch geschossen wird. Sollten die Flugzeuge auch diese Stellung bombardieren, könnte ihr Haus getroffen werden. «Einige Nachbarn sind aufs Land gezogen», erzählt Stefanie Burckhardt, «doch die meisten bleiben hier, wie wir.» Die Deutsche lebt seit drei Jahren in Bagdad und unterrichtet an der Universität Literaturwissenschaften.

Sie zeigt mir ihre offiziell zugeteilten Säcke Mehl, die im Freien lagern. «Wenn ich im Garten arbeite, ist das auch ein Stück Ablenkung», sagt sie und lässt ihre Verunsicherung nur indirekt erkennen. Wie die Nachbarn versucht auch das Ehepaar Ilah-Burkhardt den Krieg so weit wie möglich zu ignorieren – ihre Methode, Panik schon im Ansatz zu verhindern. Nur Kleinigkeiten zeigen, dass die Angst nicht abzuschütteln ist. Am Mittwoch haben die beiden doch noch schnell Kreuzstreifen aus Plastikfolie auf ihre Fensterscheiben geklebt, um sich gegen fliegende Splitter zu schützen. Die Einschläge in den Vierteln rund um den Flughafen kamen immer näher.

Trotz aller Propagandareden wusste das Ehepaar, dass die Truppen der Alliierten auf Bagdad vorrücken. Stefanie Burckhardt hört jede Nacht BBC, um sich ein Bild von der militärischen Lage zu machen. Die Situation am Flughafen kann sie aber dennoch nicht einschätzen. Die Meldungen im Radio sind allzu widersprüchlich.

Im Amarijah-Viertel reagieren die Menschen scheinbar gelassen auf die Nachricht von der Einnahme des Flughafens und den Lärm der Flugzeuge und Detonationen. Viele gehen noch einmal Brot kaufen, um ihre Vorräte aufzustocken. Am Mittag fahren wir durch verlassene Straßen, um die Käufer, meist Männer, vor den Bäckereien zu filmen. Bei den Aufnahmen gibt es keine Probleme, kein Aufpasser des Informationsministeriums ist dabei. Als wir die Menschen befragen, will niemand zugeben, dass die Angst vor Straßenkämpfen und Ausgangssperren wächst – auch wenn wir das deutlich zu spüren glauben.

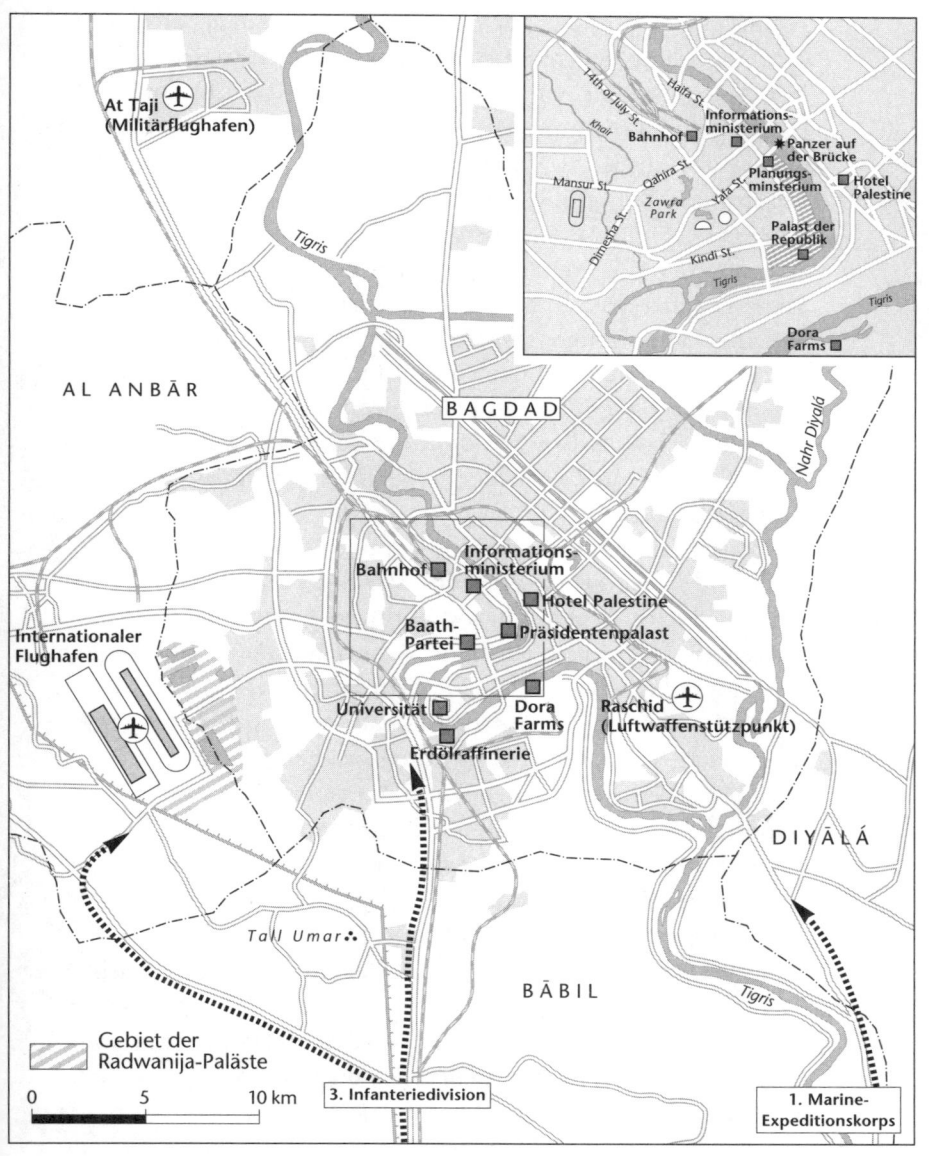

At Taji
(Militärflughafen)

Tigris

AL ANBĀR

BAGDAD

Nahr Diyālá

14th of July St.

Haifa St.

Khair

Bahnhof

Informations-
ministerium

Panzer auf
der Brücke

Mansur St.

Qahira St.

Dimesha St.

Zawra
Park

Yafa St.

Planungs-
minsterium

Hotel
Palestine

Kindī St.

Palast der
Republik

Tigris

Tigris

Dora
Farms

Internationaler
Flughafen

Bahnhof

Informations-
ministerium

Hotel Palestine

Baath-
Partei

Präsidentenpalast

Universität

Dora
Farms

Raschid
(Luftwaffenstützpunkt)

Erdölraffinerie

DIYĀLĀ

Tall Umar

BĀBIL

Tigris

Gebiet der
Radwanija-Paläste

0   5   10 km

3. Infanteriedivision

1. Marine-
Expeditionskorps

Knapp zwei Stunden nach der Besetzung des Flughafens ist in ganz Bagdad der Strom ausgefallen, und natürlich werten die Bewohner – genau wie wir – dies als Auftakt für die Schlacht um die Hauptstadt. Die Stimmung ändert sich dramatisch. Die meisten Iraker glauben, die US-Truppen hätten die Stromversorgung gezielt angegriffen. Weil kurz vor Ausfall des Stromnetzes keine Detonationen zu hören waren, herrschen sogar Spekulationen, Spezialeinheiten der US-Streitkräfte könnten die Energieversorgung per Sabotage unterbrochen haben, um im Schutz der Dunkelheit neue Angriffe vorzubereiten. Erst nach Kriegsende erfahre ich von Mitarbeitern einer internationalen Hilfsorganisation, dass die irakische Führung befohlen hatte, den Strom in der Fünf-Millionen-Stadt abzuschalten. Es waren also die irakischen Militärs, die die Dunkelheit für ihre Gegenangriffe auf die US-Truppen im Flughafen nutzen wollen.

Von der Siedlung Amerijah aus kann ich erkennen, dass der irakische Aufmarsch sehr begrenzt ist. Vor allem Pick-ups mit kleinen Raketenwerfern fahren hin und her. Leicht bewaffnete Verbände werden zusammengezogen, um die hochgerüsteten US-Truppen vom Flughafen zu vertreiben. Mein Producer Hosam Taher erzählt mir nach der Rückkehr ins Hotel, er habe weiter östlich zehn irakische Panzer beobachtet, die Richtung Flughafen vorgerückt seien, um die US-Verbände anzugreifen. «Die Amerikaner werden trotzdem in die Stadt kommen. Unsere Truppen haben keine Chance», meint er resigniert. Insgeheim hofft Hosam auf ein Wunder und wünscht sich die große Wende im Krieg noch vor dem Beginn der Straßenkämpfe, denn die möchte er auf keinen Fall erleben.

Auch ich mache mir erstmals seit Beginn des Krieges ernsthaft Sorgen. Gegen Bomben und Raketen kann ich mich nicht wehren, und ich kann ihnen nicht einmal ausweichen. Das war mir schon vor dem Krieg klar. Immerhin habe ich mich im Hotel immer relativ sicher vor Angriffen gefühlt – ein Trugschluss, wie sich später zeigen wird. Der Häuserkampf ist aber etwas ganz anderes, weil mir die Gefahren nicht mehr kalkulierbar erscheinen. Wenn es zum

Straßenkampf kommt, werde ich fliehen, das hatte ich mir schon von Anfang an vorgenommen.

Zur Angst kommt Unsicherheit. Ich kann mir kein genaues Bild der Lage machen und weiß nicht, wie ich in den nächsten Sendungen die Ereignisse der vergangenen Stunden bewerten oder Fragen nach der künftigen Entwicklung beantworten soll. Der ungehinderte Vormarsch der US-Truppen bis zum Flughafen ist für mich ein erstes Zeichen für den endgültigen militärischen Zusammenbruch des Irak. Die Armee-Einheiten scheinen gar nicht mehr richtig zu kämpfen.

In der Rückschau erhalten meine Eindrücke von der Fahrt nach Hillah eine besondere Bedeutung. Vermutlich werden sich reguläre Einheiten an der Schlacht um Bagdad gar nicht erst beteiligen. Bei den Armee-Einheiten zeigen die US-Propagandaaktionen große Wirkung. Zudem wissen die Offiziere aus dem Krieg von 1991 und dem Verlauf der Kämpfe im Südirak, dass ihre Einheiten gegen die hochmodernen US-Streitkräfte chancenlos sind. Auch die Berichte über die Kämpfe im Südirak lassen bereits darauf schließen, dass nur noch Spezialeinheiten wie die Fedajin Saddam und die Republikanischen Garden Befehle des Präsidenten bedingungslos ausführen. Für Kämpfe in der Hauptstadt kann das Regime somit nur ein allerletztes Aufgebot mobilisieren. Systematische Vorbereitungen, den US-Vormarsch in die Stadtmitte zu verhindern, sind nicht zu erkennen.

Für unsere Arbeitsbedingungen im Hotel hat der bevorstehende Zusammenbruch der öffentlichen Ordnung weitreichende Konsequenzen. In der vergangenen Nacht konnte ich schon nicht mehr richtig schlafen, weil der Notstromgenerator auf dem Balkon knatterte und dröhnte. Der Dunst im Zimmer war unerträglich. Zu den Rußpartikeln der Ölfeuer, die jede Ritze durchdringen, kamen jetzt noch die Auspuffgase des Generators.

Dabei war es alles andere als einfach, das Notstromaggregat anzuwerfen. Erst fehlte Benzin, anschließend hatten wir Probleme mit den Kabeln. Eigentlich hätten wir auch das Videophone testen müssen, damit wir im Notfall tatsächlich Bilder nach Deutschland senden können. Doch das Gerät blieb in den Kisten, und ich schob auch die Vorbereitungen für einen Umzug in unser Notquartier noch einmal auf.

Schon vor Monaten hatte ich mit einem Kollegen ausgemacht, dass mein Team bei unmittelbarer Gefahr in eine leer stehende Wohnung seines Hauses ziehen würde. Büromöbel und Notbetten waren bereits vorbereitet. Sollte es wirklich ernst werden, böte ein schneller Ortswechsel die größte Chance, Racheakte des Regimes uns gegenüber zu verhindern, hatte ich mir überlegt. Auch Plünderern wollten wir keine Gelegenheit bieten, sich im abzeichnenden Chaos mit unserer Ausrüstung davon zu machen.

Erst einmal belasse ich alles beim Alten, weil ich nicht daran glaube, dass sich unsere Lage in den kommenden Stunden gravierend ändert. Auch die britischen Kollegen sehen das ganz ähnlich. Rageh Omaar von der BBC und David Chater von Sky News glauben an langwierige Kämpfe in den Vororten. David wettet um eine Flasche Whisky, dass die US-Truppen mehr als zehn Tage brauchen, um das «Palestine» zu erreichen. Ich halte dagegen.

Im Stadtzentrum wächst derweil die Verunsicherung, denn die großspurigen Ankündigungen des Regimes – «der eigentliche Kampf hat noch gar nicht begonnen» – werden von den Menschen als Propaganda durchschaut. Sie haben vielleicht geahnt, dass alles so kommt, aber sie haben sich nicht getraut, darüber zu sprechen. Ali Hossein, mein Fahrer, bringt gegrillte Hähnchen aus der Sadoun-Straße. Er möchte nicht, dass andere zuhören, und wispert mir ins Ohr: «Immer mehr Menschen wünschen sich ein schnelles Ende des Krieges.» Er fügt – sichtlich erfreut – hinzu: «Sie hoffen, dass Saddam endlich gestürzt wird.» Die Eroberung des Flughafens hat einen Schock ausgelöst und beschleunigt das Umdenken. Natürlich rechnen viele Iraker mit einer Niederlage. Doch dass die gegnerischen Truppen die letzten 50 Kilometer ohne nennenswerte Gegenwehr zurücklegen würden, hatten die wenigsten erwartet. Viele befürchteten, Saddam Hussein werde den Einsatz chemischer oder biologischer Waffen befehlen, sobald US-Truppen bis zur Stadt vorstoßen.

Wie schwach die Verteidigung Bagdads tatsächlich war, wird mir erst vier Wochen nach der Eroberung der Hauptstadt vollständig klar. Mazen Mousawi, ein ehemaliger Feldwebel der Republikanischen Spezialgarde, zeigt mir die Palastgebiete von Radwanijah, die direkt neben dem Internationalen Flughafen liegen. Mazen hat Saddam Hussein fünfzehn Jahre gedient und seit 1995 dessen Paläste bewacht.

Der 33-Jährige führt uns zu alten Stellungen der Garden im Süden des Flughafens. Bauern, die auf dem weitläufigen Gelände leben und Gemüse anbauen, haben den Vormarsch der US-Panzer beobachtet. Am 3. April abends seien die Amerikaner eine kleine Straße zum Flughafen entlanggekommen, ohne auf Widerstand zu stoßen. «Die Gardisten sind einfach davongelaufen», erinnert sich Nasir Abu Ahmad, einer der Bauern. «Einige haben sogar ihre Uniformen zurückgelassen», sagt er und zeigt uns ein paar Jacken mit dem charakteristischen roten Dreieck auf dem Ärmel, die noch immer im Gebüsch liegen. Geschütze und daneben liegende ungenutzte Munition bezeugen noch nach einem Monat den Zusammenbruch der irakischen Streitkräfte.

Dabei hatte Saddam Hussein die Stellung selbst während des Krieges besucht. Nasir Abu Ahmad arbeitete damals auf dem Feld und konnte den Präsidenten beobachten. Er zeigt mir eine Stellung auf einem etwa vier Meter hohen Sandhügel. Von der Straße aus sehen wir Teile eines zurückgelassenen Flugabwehrgeschützes. In Abu Ahmads Stimme schwingt Ehrfurcht: «Saddam kam in der zweiten Kriegswoche. An dieser Stelle hat er seinen Wagen gestoppt. Hinter ihm fuhr ein zweites Auto mit bewaffneten Leibwächtern in Zivil. Saddam ist dann auf diese Stellung mit dem Luftabwehrgeschütz gestiegen. Er hat die Stellung inspiziert und selbst geschossen. Es gab noch ein Geschütz in einer anderen Stellung – nicht weit entfernt. Ein paar Leute haben gesehen, dass Saddam bei einem schweren Luftangriff von dort aus sogar auf Flugzeuge geschossen hat.»

Feldwebel Mazen Mousawi ist davon überzeugt, dass Saddam Hussein die ersten zwei Wochen des Krieges im Radwanijah-Palast verbracht hat. Der ehemalige Spezialgardist hat den Präsidenten mehrmals gesehen. Die Palastgebiete waren weiträumig mit Wachtürmen gesichert und die wichtigsten Anlagen von hohen Mauern umgeben. Der Präsident ließ sich von insgesamt 350 Gardisten schützen, schätzt Mazen.

Unter den Männern kursierten während des Krieges Berichte, wonach Saddam Hussein am 27. März bei einem Luftangriff im Palastgelände nördlich der Flughafenstraße verletzt worden sei. Mazen Moussavi sah Saddam Hussein sechs Tage später, am 2. April: «Er saß in Uniform auf dem Beifahrersitz eines Pick-up und hielt bei uns an. Er machte eine Handbewegung und sagte ‹Gott ist gnädig›. Wir konnten seine Hand nicht sehen, weil sie bandagiert war.»

Ob Saddam Hussein zufällig getroffen wurde oder der Angriff ihm persönlich galt, konnte Mazen nicht sagen. Er war sicher, wirklich den Präsidenten gesehen zu haben, weil der Pick-up von Hauptmann Ahmed Raschid gesteuert worden war, dem obersten Leibwächter des Diktators. Mazen erinnert sich, er habe manchmal einen Doppelgänger Saddams auf dem Radwanijah-Gelände gesehen, aber niemals in Begleitung von Raschid. Wie wichtig der Job des obersten Leibwächters war, lässt sich daran erkennen, dass Raschids Vorgänger Abid Hamid Mahmud al-Tikriti 2001 Privatsekretär von Saddam Hussein wurde. In der Hierarchie des Regimes nahm er nach Saddams Söhnen Kusai und Udai einen bedeutenden Rang ein, obwohl er kein offizielles Amt bekleidete.

Spätestens während der Eroberung des Flughafens von Bagdad durch die US-Truppen dürfte Saddam Hussein die angrenzenden Palastanlagen von Radwanijah verlassen und sich ins Stadtgebiet von Bagdad zurückgezogen haben, um einen letzten Versuch zu organisieren, die Stadt zu verteidigen. Ihm war die Schwäche der Stellungen im Flughafenbereich genau bekannt. Da der Präsident keine Reserveverbände für die Verteidigung der Haupstadt einsetzen konnte, war das militärische Ende absehbar.

Vorstoß ins Zentrum

Auch die Einwohner der Hauptstadt rechnen mit Angriffen der US-Einheiten. Seit die Stromversorgung unterbrochen ist, kursieren sogar Gerüchte, die amerikanischen Truppen würden die Dunkelheit ausnutzen, um die Stadt zu erobern. Tatsächlich bereiten sich die Divisionen auf den entscheidenden Angriff vor. Der Stab der 3. Infanteriedivision bezieht auf dem Flughafen Stellung und plant einzelne, begrenzte Überraschungsvorstöße, um die Verteidiger zu verwirren.

Mit ähnlichen Scheinangriffen auf die Euphrat-Brücken Südiraks hatten die Amerikaner in den Vortagen die Divisionen der Republikanischen Garden in den Süden gelockt. Der Vorstoß der Division durch die Kerbala-Enge war dann so rasant erfolgt, dass Saddams Elite-Einheiten im Süden zurückblieben. Auch wegen der Luftangriffe gelang es ihnen nicht mehr, sich zu reorganisieren und in den Kampf um die Hauptstadt einzugreifen.

Dieser Kampf wird am Freitagabend mit einer gezielten Ablenkung eingeleitet. Ein Sprecher der US-Streitkräfte erklärt, man überlege, Bagdad vollständig einzukreisen und vom Hinterland abzuschneiden, um die Hauptstadt auf lange Sicht zur Kapitulation zu zwingen.

So ist meine Überraschung am nächsten Morgen doppelt groß, als Kameramann Abdul Razak um kurz vor neun behauptet, er habe auf dem Weg ins Hotel auf Höhe des Yarmouk-Viertels amerikanische Panzer überholt. Ich kann es nicht glauben. Sollte Abdul Recht haben, wären die US-Truppen nur noch wenige Hundert Meter vom Zentrum der Stadt entfernt. Abdul beharrt auf seiner Darstellung. Er habe keine Panzer russischer Bauart gesehen, wie sie die irakischen Streitkräfte benutzen. An der Zeichnung, dem waagerechten V, habe er die Panzer eindeutig als amerikanische identifiziert.

Mein Fahrer Ali Hussein bestätigt die Beobachtungen und erzählt, er habe auf der Fahrt von Dora in die Stadt zu beiden Seiten der

Straße viele zerstörte Fahrzeuge gesehen, darunter auch Panzer. Beide sind immer noch verwirrt. Sie sind sich sicher, keinen einzigen zerstörten US-Panzer oder Mannschaftstransporter gesehen zu haben. Ob es nun amerikanische Verluste gegeben hat oder nicht – der Vorstoß der US-Einheit zeigt, dass die irakischen Truppen den Vormarsch der Gegner ins Zentrum der Stadt nicht stoppen können.

Dem militärischen Erfolg der USA steht eine steigende Zahl ziviler Opfer gegenüber. Informationsminister al-Sahaf verkündet schon seit Tagen keine Zahlen mehr, um die Menschen nicht zu beunruhigen. Bagdads Krankenhäuser sind überfüllt, auch die Kühlkeller, in denen die Leichen aufbewahrt werden.

Vor allem die Bewohner der sunnitischen Viertel reagieren mit einer Massenflucht auf die Kämpfe in Bagdad. Manche haben einfach Angst vor dem Krieg, aber viele fliehen auch vor den vorrückenden Amerikanern. Die Parteigänger Saddam Husseins bringen sich in Sicherheit. Ab acht Uhr werden alle Ausfallstraßen Bagdads gesperrt. Die Maßnahme richtet sich weniger gegen Flüchtlinge, sondern soll verhindern, dass US-Kommandos in die Stadt einsickern und die Eroberung des Zentrums vorbereiten. Dass die Spezialeinheiten schon auf dem Weg sind, erscheint mir sehr wahrscheinlich. Die beeindruckende Selbstsicherheit der US-Verbände wäre ohne genaueste Ortskenntnis und akkurate Informationen über die Stärke des Gegners gar nicht denkbar.

Während die Aktionen der US-Streitkräfte Übersicht und akribische Planung erkennen lassen, zeichnen sich die Auftritte des irakischen Informationsministers eher durch unfreiwillige Komik, Unkenntnis und blinde Verzweiflung aus. Auf den Vorstoß der US-Einheiten bis zum Yarmouk-Viertel reagiert Mohammed al-Sahaf erst Stunden später, als die US-Panzer die Stadt bereits wieder in Richtung Yousefieh verlassen haben: «Wir haben sie eingeschlossen und reiben sie auf.» Und zur Besetzung des Flughafens, die von den US-Fernsehsendern weltweit übertragen wird, findet er die Worte: «Fahren Sie doch hin und schauen Sie sich die Lage vor Ort an. Dort gibt es nichts, und zwar überhaupt nichts.»

Am Sonntag beruhigt sich die Situation in Bagdad. Um kurz nach neun erfahren wir, der Flughafen dürfe gefilmt werden. Doch genehmigt wird dann nur eine Fahrt nach Dora. Dort stehe ein zerstörter US-Panzer, berichten Kollegen, die schon auf dem Rückweg sind. Für die Hinfahrt wähle ich die Strecke durch den Villenvorort Jadrijah mit den berühmten Karada-Einkaufsstraßen. Viele der Wohnhäuser sind verlassen und verbarrikadiert. An den Straßenkreuzungen stehen irakische Soldaten mit schweren Maschinengewehren. Wahrscheinlich haben sie die Aufgabe, einen Vorstoß der US-Truppen über die doppelstöckige Tigrisbrücke zurückzuschlagen. Im Vorbeifahren kann ich etwa zwanzig Soldaten erkennen. Ihre Stellungen sind nicht getarnt und aus Hunderten von Metern Entfernung mit bloßem Auge erkennbar. Gegen Luftangriffe sind die Trupps völlig ungeschützt. Ich zweifele nicht eine Sekunde, dass diese Männer gleich zu Beginn eines Angriffs fliehen werden. Nur wer nicht mehr richtig kämpfen will, präsentiert sich dermaßen angreifbar.

Auf der Südseite des Tigris sind keine Soldaten auszumachen. Rechts und links der Straße stehen ebenfalls ungetarnte und verlassene Flugabwehrgeschütze. Einzig die Ölfeuer brennen noch. Offensichtlich sind die Männer, die die Ölwannen nachfüllen und wieder neu entzünden müssen, nicht davongelaufen. Sie erfüllen ihre Pflicht – wahrscheinlich, weil sie damit rechnen können, nicht in Kämpfe verwickelt zu werden.

Auf der großen Ausfallstraße Richtung Süden finden wir schließlich den zerstörten amerikanischen Panzer, einen M1 Abrams. Das ausgebrannte Wrack steht mitten auf der Fahrbahn, direkt daneben ein Loch im Asphalt, das ich für einen Bombenkrater halte. Möglicherweise wurde der US-Panzer von der eigenen Luftwaffe zerstört, nachdem die Besatzung ihn zurücklassen musste.

Ein irakischer Bergungspanzer zieht ihn an einem dicken Seil von der Fahrbahn, damit der Verkehr nicht mehr behindert wird. Auf diese Weise die Spuren des Krieges zu beseitigen wirkt absurd – ein verzweifelter, zum Scheitern verurteilter Versuch, zum Alltag zurückzukehren. Auf der Rückfahrt rechts und links der Straße stoßen wir auf unverkennbare Zeugnisse der militärischen Überlegenheit der USA. Dutzende von zerstörten irakischen Fahrzeugen, Geschützen und Panzern stehen dort herum, auch Lastwagen sind ausgebrannt. Bei dem Vorstoß der US-Einheit wurden Fahrzeuge beschossen, nicht jedoch die etwa 30 Meter weit von der Straße zurückliegenden Häuser. Der Angriff erscheint mir wie eine Demonstration präziser Zerstörung, um die irakischen Gegner zu demoralisieren. Zwanzig Panzer und gepanzerte Mannschaftstransporter haben – unterstützt von Flugzeugen – eine mehrere Kilometer lange Schneise der Verwüstung hinterlassen. Den Irakern soll bewiesen werden, dass sie auch im monatelang angekündigten Straßenkampf keine Chance haben. Selbst vor dem Yarmouk-Krankenhaus stehen ausgebrannte Autowracks. Offenbar überlegten die Panzerbesatzungen nicht lange, bevor sie schossen. Ich kann jedoch keine Toten oder Verletzten erkennen.

Tallal, dem Aufpasser des Ministeriums, hat es die Sprache verschlagen. Er sitzt auf dem Beifahrersitz, hat den besten Überblick und scheint von den Eindrücken überwältigt. So überrascht es mich nicht, dass er zu protestieren vergisst, als wir auf dem Rückweg zum Hotel eine Route durch das Regierungsviertel wählen. Vor dem Geheimdienstgebäude lungern Bewaffnete, und das Außenministerium scheint kaum noch bewacht zu sein.

In der Nähe des Busbahnhofs sehen wir Kämpfer in der schwarzen Kleidung der Fedajin Saddam. Sie sammeln sich, um einen weiteren Angriff auf die US-Truppen im Flughafen vorzubereiten, erklärt mir mein Cutter Mahmoud Hamed. Auch sein jüngerer Bruder sei in den Kampf gezogen. Unter den Fedajin in Bagdad befinden sich auch Ausländer. Einige haben sogar Kampferfahrung aus Afghanistan und wollen dort gelernt haben, dass einfache Panzerfäuste gegen die amerikanischen Abrams höchstens dann wirken, wenn sie mit Stanniolpapier umwickelt werden. Warum die Granaten durch derart primitive Manipulation größere Wirkung erzielen sollen, wissen die Freiwilligen nicht.

Wenn Kommandos mit solchen «Tricks» aufgerüstet werden müssen, um in den Kampf zu ziehen, haben sie keine Chance. Das bestärkt mich in meiner Skepsis gegenüber den irakischen Siegesmeldungen, die seit Beginn des Kampfes um den Flughafen nicht mehr enden wollen. Sie sind Teil einer allzu durchsichtigen Propaganda, mit der die irakische Führung das eigene militärische Versagen zu kaschieren versucht.

Während die Offiziere der Armee und auch die Offiziere der Republikanischen Garden die Ausweglosigkeit der militärischen Lage erkennen, werden täglich Hunderte von Fedajin Saddam Opfer ihrer ideologischen Verblendung und ihres Fanatismus. Obwohl sie meist nur mit leichten Waffen ausgerüstet sind, greifen sie die US-Einheiten am Flughafen wiederholt an. In diesen Kämpfen kommt es zu den höchsten irakischen Verlusten des gesamten Krieges. Mehrfach berichten US-Offiziere über Hunderte von Toten. Aber auch mit ihrer Selbstopferung können die Fedajin Saddam den Vormarsch der US-Truppen nicht aufhalten.

Am Montagmorgen stoßen 130 Panzer und gepanzerte Mannschaftstransporter der 3. Infanteriedivision ins Zentrum der Stadt vor. Wie zwei Tage vorher werden sie von unbemannten Aufklärungsflugzeugen und niedrig fliegenden A-10-Kampfflugzeugen, den «Warzenschweinen», gesichert. Von weitem klingen die Geschosssalven wie das Knarren eines riesigen eingerosteten Tores, das mit Gewalt geöffnet wird. In der ganzen Stadt ist das fürchterliche Dröhnen der Bordkanonen zu hören, die bis zu zweitausend Geschosse mit abgereichertem Uran pro Minute abfeuern.

Nach kurzen Gefechten besetzen die US-Einheiten den Sijood-Palast und Minuten später den Palast der Republik. Auch dort bricht der Widerstand schnell zusammen. Vom Hotel aus sehe ich mehrere Dutzend Gardisten und Palastangestellte fliehen, einige haben offenbar ihre Uniformen weggeworfen und machen sich in Unterhosen davon. Sie nutzen den Schutz der Uferseite des Tigrisdeiches. Andere springen sogar ins Wasser und schwimmen ans Ostufer des Flusses. US-Hauptmann David Perkins nennt den Angriff seiner Verbände einen «dramatischen Machtbeweis», mit dem gezeigt werde, dass die US-Truppen jeden Platz in Bagdad besetzen können: «Ich hoffe, dass er dem irakischen Volk klar macht, dass es vorbei ist und dass es jetzt seine neue Freiheit genießen kann.»

Vom Hotel aus hören wir in den nächsten Stunden vereinzelte Schusswechsel. Immer wieder werden die US-Panzer auch von unserer Seite des Tigris aus beschossen. Lange Zeit kann ich nicht erkennen, ob die US-Einheiten im Palast bleiben oder sich – wie am Samstag – wieder zurückziehen. Informationsminister Mohammed al-Sahaf hat den skurrilsten Auftritt des gesamten Krieges. Während die Kollegen aus den oberen Stockwerken die US-Panzer im Palastgelände auf der gegenüberliegenden Tigris-Seite beobachten, behauptet er: «Es gibt überhaupt keine US-Einheiten in der Stadt.» Wie üblich berichtet der Minister von erfolgreichen Aktionen irakischer Kämpfer, die feindliche Verbände einkreisen und vernichten. «Die Ungläubigen begehen vor den Toren Bagdads zu Hunderten Selbstmord», tönt al-Sahaf. Bizarrer geht es eigentlich nicht mehr, doch der Minister setzt neue Maßstäbe: «Wie unser Führer Saddam Hussein sagt: ‹Gott grillt die Mägen der Ungläubigen in der Hölle.›» Selbst die Ankündigung der Ministerauftritte bekommt gespenstische Züge. Ein Korso von Polizeiautos veranstaltet im Umfeld des Hotels ein wildes Spektakel. Laut hupend nähert sich der Konvoi dem «Palestine», aus den Fenstern hängende Beamte feuern mit ihren Kalaschnikows wild in die Luft. Die Show für die Fernsehteams wird regelmäßig mit dem Schlachtruf «Unser Leben und unsere Seelen opfern wir für dich, Saddam» beendet. Doch die Zahl der an der verzweifelten Inszenierung beteiligten Fahrzeuge und Beamten geht täglich zurück.

Mittags wird in der Innenstadt nur noch sporadisch gekämpft. Auf dem Palastgelände ist es ruhig. Ich wage mich dennoch nicht aus dem Hotel, da die Situation unübersichtlich wird. Kollegen kommen von der Westseite des Tigris zurück und erzählen, die Straßenzüge in der Nähe des Informationsministeriums würden weiter von irakischen Kommandos kontrolliert. Dort gebe es so gut wie keinen Verkehr.

Von den Außenbezirken der Stadt ist Gefechtslärm zu hören. Im Südosten rücken die Einheiten der US-Marines vor. Mahmoud, mein Editor, erzählt, er habe von einem Bekannten erfahren, bei Diyala seien Hunderte Iraker getötet worden, die zwei Brücken verteidigt hätten. Unter großen Verlusten hätten sie die Brücken schließlich zu sprengen versucht und sich zurückgezogen. Einzig die Ausfallstraße im Nordosten Richtung Baquba wird noch von irakischen Einheiten kontrolliert. Von allen anderen Seiten ist Bagdad eingeschlossen.

Angriff auf Saddam

Auch Wochen nach Kriegsende haben die US-Streitkräfte nicht erkennen lassen, ob sie wussten, wo sich Saddam Hussein während des Krieges aufhielt. Jedenfalls lassen sich die Soldaten nach der Eroberung des Flughafens 48 Stunden Zeit, den nahe gelegenen Radwanijah-Palast unter ihre Kontrolle zu bringen. In der Zwischenzeit bezieht Saddam Hussein in Ruhe einen neuen Unterschlupf im Stadtgebiet.

Am Freitag taucht er überraschend in den Vierteln Aadhemijah und Mansour auf, um sich von seinen Untertanen feiern zu lassen. Aufnahmen im Notprogramm des staatlichen Fernsehens zeigen einen ausgeruhten und souveränen Saddam, der wie in alten Zeiten ein Kind auf den Arm nimmt und küsst. Mit Händeklatschen versucht der Präsident die Bevölkerung zu mobilisieren.

Ob die Fernsehbilder tatsächlich von diesen Auftritten des Präsidenten stammen, spielt gar keine Rolle. Wichtig ist, dass Saddam Hussein die Bewohner der Hauptstadt davon überzeugt, dass er lebt und entschlossen ist, den Kampf gegen die Alliierten fortzusetzen. Der Präsident erreicht sein Ziel. Und nicht nur seine Anhänger spekulieren darüber, wie er sich weiter verhalten wird.

Saddam lässt ebenfalls am Freitag einen Aufruf verbreiten, in dem er an das Volk appelliert, gegen die Invasoren zu kämpfen: «Schlagt sie mit Gewalt. Leute von Bagdad, leistet Widerstand, wenn sie in die Stadt eindringen wollten. Steht zu euren Prinzipien, euren Überzeugungen und eurer Ehre.» Den Krieg kann Saddam Hussein mit solchem Pathos nicht mehr gewinnen, doch diese Appelle sind deshalb wichtig, weil sie einer Legende Vorschub leisten. Saddam wird später behaupten können, er habe in der Stunde der Gefahr in Bagdad an der Seite seiner Untertanen ausgeharrt. Nur so kann er seine letzten Getreuen mobilisieren, den Kampf gegen die US-Truppen fortzusetzen. Möglicherweise hat er bereits zu diesem Zeitpunkt die Absicht, nach einer Besetzung Bagdads vom Untergrund aus den Widerstand zu organisieren.

So wird es für die Alliierten umso dringlicher, den Präsidenten selbst auszuschalten. Mit einem Bombenangriff soll Saddam Hussein am Nachmittag des 7. April getötet werden. Kurz nach vier schlagen drei Bomben fast gleichzeitig im Mansour-Viertel ein und zerstören in einer Seitenstraße drei Häuser. Ein etwa 15 Meter tiefer Krater bleibt zurück. Wer sich in den Häusern aufhält, hat keine Überlebenschance. Saddam Hussein und seine Söhne sollen sich in den Gebäuden mit Vertrauten getroffen haben, heißt es. Doch tatsächlich werden Unbeteiligte getötet, weil die Bomben neben dem eigentlichen Ziel einschlagen. Für die Bewohner bedeutet es keinen Trost, dass Saddam Hussein das eigentliche Ziel war. Möglicherweise haben sie nicht einmal geahnt, wem die Bombe galt. Bereits in der ersten Stunde nach dem Einschlag gewinnt mein Team den Eindruck, dass nur einfache Zivilisten getötet wurden. Eine Nachbarin bestätigt diese Einschätzung.

Saddam Hussein bleibt unverletzt. Mehrere Zeugen beobachten, dass er zehn oder fünfzehn Minuten vor dem Angriff in seinem weißen Mercedes davongefahren ist. Auch Saddams Sohn Kusai wird bei der Abfahrt in einem Peugeot gesehen. Ein Mitarbeiter von Informationsminister al-Sahaf bestätigt drei Wochen nach Kriegsende, kurz vor dem Einschlag habe in den Häusern ein Treffen der gesamten Staatsführung stattgefunden. Es sei jedoch eine Viertelstunde vor dem Angriff beendet worden, weil Geheimdienstchef Tahir Jalil Habbush al-Tikriti nicht erschienen sei. Saddam Hussein habe dies als Verrat gewertet und die Sitzung abgebrochen.

Doch selbst wenn das Treffen wie geplant stattgefunden hätte, wären die Teilnehmer mit dem Leben davongekommen. Die Geheimunterkunft, in dem sich die Führung zu treffen pflegte, liegt im Nachbarhaus und wird nur leicht beschädigt. Noch vier Wochen nach dem Angriff steht der Tisch, an dem die Sitzungen stattfanden, hochkant im Flur des kleinen Hauses. Das Sitzungszimmer selbst ist leer geräumt.

Die Haushälterin eines deutschen Diplomaten, der ganz in der Nähe wohnt, erinnert sich, dass die Flagge, vor der Saddam Hussein seine letzte Erklärung verlas, an der Wand im Sitzungszimmer hing. Im ersten Stock des Hauses, das ein Offizier gebaut und später an einen Kameraden verkauft hatte, liegt ein unbenutztes Schlafzimmer mit einem großen Doppelbett.

Warum die US-Streitkräfte am 3. Juni den Schutt an der Einschlagstelle abtransportieren und auf DNA-Spuren Saddam Husseins untersuchen, bleibt ihr Geheimnis. Denn wenige Straßenzüge entfernt befand sich Saddam Husseins neuer Unterschlupf. Er dürfte ihn noch vor dem Einschlag der Bomben erreicht haben. Zwei Tage später, am 10. April, haben Iraker beobachtet, wie Saddam Hussein und seine beiden Söhne in der Abenddämmerung diese Geheimwohnung verlassen haben.

Heute erscheinen mir die Parallelen zum ersten «Enthauptungsschlag» überdeutlich: Auf beide Angriffe, die jeweils als direkter Schlag gegen Saddam Hussein bezeichnet werden, folgte kurze Zeit später ein entscheidender Vorstoß der US-Streitkräfte. Zu Kriegsbeginn war es der Einmarsch der Bodentruppen, jetzt wird die Eroberung der Hauptstadt psychologisch vorbereitet. Ein Unterschied allerdings ist ebenso offensichtlich: Während es den Amerikanern auf den Dora Farms möglicherweise gar nicht so wichtig war, Saddam zu treffen, dürften sie bei dem Bombenangriff auf das Geheimtreffen in Mansour alles darangesetzt haben, den Diktator mitsamt seinen wichtigsten Helfern zu liquidieren.

Der Panzer auf der Brücke

Während mein Team die Aufnahme von der Einschlagstelle macht, besuche ich Roland Huguenin-Benjamin, den Pressesprecher des Internationalen Komitees vom Roten Kreuz (IKRK). Er berichtet, die Krankenhäuser seien inzwischen überfüllt. Am Morgen seien wieder Hunderte von Verwundeten eingeliefert worden, und in einigen Krankenhäusern sei die Versorgung der Neuzugänge nicht mehr gewährleistet. Roland kann keine genauen Zahlen nennen und ist nicht einmal zu Schätzungen bereit. Selbst als ich verspreche, ihn nicht zu zitieren, zuckt er mit den Achseln. Das Chaos sei so groß, und daher sei es unverantwortlich, über Zahlen auch nur zu spekulieren. Schon seit Samstag sei es nicht mehr möglich, bei den Verwundeten zwischen Zivilisten und desertierten Soldaten oder Gardisten zu unterscheiden.

Zurück im Hotel, erlebe ich eine Überraschung. Aus dem Fenster meines Zimmers sehe ich drei US-Mannschaftstransporter oder Panzer auf dem gegenüberliegenden Tigrisdeich. Amerikanische Soldaten stehen auf der Deichstraße, ohne angegriffen zu werden. Kein Zweifel, die US-Einheiten kontrollieren den Palast, den Sitz der irakischen Regierung – damit ist Bagdad faktisch gefallen. Die Soldaten bleiben in dieser Stellung auch über Nacht, ohne dass ein Schuss fällt. Ich kann ihre Positionslichter in der Dunkelheit gut erkennen. Der Widerstand des Regimes scheint gebrochen zu sein, nachdem die irakische Verteidigung selbst in der Innenstadt ausbleibt.

Um kurz nach neun werde ich eines Besseren belehrt. Östlich des Hotels feuert jemand Raketen ab, die nur wenige Meter am Hotel vorbeizischen und offensichtlich auf den im Westen gelegenen Flughafen gerichtet sind. Von der ersten Rakete werde ich völlig überrascht. Im ersten Moment begreife ich gar nicht, was passiert. Denn die amerikanischen Cruise Missiles fliegen höher, machen weniger Geräusche und haben keinen gelbweißen Feuerschweif – den sehe ich bei der nächsten Rakete ganz deutlich. Wie eine gigantische glühende Zigarre zischt auch sie wenige Meter am «Palestine» vorbei. Kein Zweifel, es sind irakische Kurzstreckenraketen, die hinter einem nahe gelegenen Wohnviertel abgefeuert werden. Die Lafetten scheinen direkt neben den Gebäuden des IKRK zu stehen.

Zuerst bin ich froh, dass ich mich auf dem Vordach aufhalte und nicht in meinem Zimmer. So kann ich die nächsten Raketen abwarten. Ich wage mich nicht zurück ins Gebäude. Paul Pasquale, der Satelliten-Techniker von Reuters TV, ist geschockt und hegt ähnliche Befürchtungen. Was passiert, wenn die US-Streitkräfte zurückschießen? Das Hotel könnte genau in der Geschossbahn liegen. «Die nächsten Stunden werden wirklich kritisch», meint Pasquale. Schließlich treibt mich meine chronische Übermüdung zurück ins Zimmer.

Lange dauert die Nachtruhe nicht, um kurz nach drei werde ich am Dienstagmorgen von Maschinengewehr-Salven geweckt. Von der Uferstraße aus beschießt ein irakisches Kommando die US-Panzer auf der anderen Seite des Tigris. Die drei auf dem Deich sind verschwunden. Noch bis spät in der Nacht haben sie dort mit ihren Positionslampen gestanden, als ob sie die irakischen Kommandos verhöhnen wollten. Die Antwort auf das Maschinengewehrfeuer kommt schnell. Granaten heulen über den Fluss und explodieren in der Nähe. Von den irakischen Kommandos nahe der Uferstraße ist nun nichts mehr zu sehen und zu hören.

Bis zu diesem Moment können viele Bewohner Bagdads nicht glauben, dass US-Soldaten den Palast besetzen und damit das Nervenzentrum des irakischen Machtapparates kontrollieren. Irakern war es sogar verboten, sich dem Palast zu nähern. Wer auf der Straße vor der Einfahrt hielt, wurde sofort verhaftet. Als ich im Fahrstuhl einen Hotel-Techniker treffe und ihn frage, wie viele Panzer über Nacht im Palast geblieben seien, schaut er mich ungläubig an. Er ist einer von denen, die nicht realisieren wollen, dass die US-Truppen bereits in der Stadt sind. Als ich ihn einige Tage später wieder treffe, strahlt er: Ich hätte doch Recht gehabt.

Gegen halb acht brechen die US-Truppen auf. Die Panzer fahren durch den Palast, um ihren Vormarsch in die Innenstadt von Bagdad fortzusetzen. Durch den Nordausgang verlassen sie das Gelände und rücken in Richtung des Informationsministeriums und des daneben gelegenen Gebäudes des staatlichen Rundfunks vor. Der Gefechtslärm ist deutlich zu hören, die Innenstadt ist wie ausgestorben. Selbst auf ihrem kurzen Vormarsch erhalten die Panzerverbände wieder Luft-Unterstützung.

Auch das Bürogebäude des Fernsehsenders al-Dschasira wird getroffen. Tarik Ayaoub, der jordanische Korrespondent des Senders, beobachtet die Kämpfe vom Dach aus. Er wird schwer verletzt und stirbt kurz nach seiner Einlieferung ins Krankenhaus. Tariks Tod bedrückt mich sehr. Seit 1988 habe ich wiederholt mit ihm zusammengearbeitet. In Jordanien verfügte er über ausgesprochen gute Kontakte und hatte sich als langjähriger Mitarbeiter der Jordan Times weithin Respekt verschafft. Al-Dschasira vermutet hinter dem Beschuss eine vorsätzliche Aktion, und in den Nachrufen wird Tarik als Märtyrer bezeichnet – ganz so, als ob ihn die US-Soldaten willkürlich ermordet hätten.

Diese Behauptung ist jedoch kaum haltbar. Wahrscheinlich ist Tarik zum Opfer der Fahrlässigkeit des Pentagons geworden. Piloten und Panzerkommandeure besaßen wie die meisten US-Einheiten keine konkreten Angaben über die zivilen Ziele, die auf keinen Fall angegriffen werden sollten. Auf ihren Karten waren fast ausschließlich militärische Komplexe eingezeichnet. Selbst die Gebäude des IKRK wurden erst nach mehrfacher Intervention erfasst.

Al-Dschasira hatte bereits in Afghanistan schlechte Erfahrungen mit den US-Truppen gemacht, als ihr Büro in Kabul beschossen wurde. Aus diesem Grund hatte die Senderzentrale in Doha dem Pentagon mehrfach die Koordinaten des Bagdader Büros durchgegeben. Doch die Hoffnung auf Rücksichtnahme wird nicht erfüllt. Dass die US-Truppen auch das Hilfeersuchen der Mitarbeiter von Abu Dhabi TV ignorieren und deren Abzug aus dem Keller des Bürogebäudes einen Tag lang verhindern, verdeutlicht den Mangel an Respekt, mit dem sie den in Bagdad arbeitenden Journalisten begegnen.

Wie gefährlich diese Missachtung werden kann, erfahre ich am Mittag ganz direkt. Um kurz nach zwölf höre ich einen Einschlag, der das Hotel erzittern lässt und Bruchteile von Sekunden später Glasscheiben klirren lässt. Mein einziger Gedanke: Hoffentlich nicht das Hotel. Die Erschütterungen und Geräusche lassen keine Zweifel, dass der Einschlag sehr nahe ist. Verstört gehe ich auf den Flur und höre schon erste «Help, help»-Rufe. Kolleginnen und Kollegen stürzen aus ihren Zimmern. Es gibt keinen Zweifel: Das gegenüberliegende Eckzimmer wurde getroffen. An der Tür zum Reuters-Büro herrscht bereits Gedränge. Ich sehe Samia Nakhoul, die libanesische Korrespondentin, und Falah Kheiber, den irakischen Fotografen, beide halten sich ihre blutüberströmten Gesichter. Die Verletzungen sind schwer. Dann erkenne ich, dass am Boden noch zwei Kollegen liegen. Paul Pasquale, mit dem ich vor 14 Stunden noch über die Gefahr durch Raketeneinschläge gesprochen hatte, und Taras Protsyuk. Beide sind schwer verletzt. Taras stirbt kurze Zeit später im Krankenhaus.

Unter Schock gehe ich zurück in mein Zimmer: Ich bin mir sicher, es war eine irakische Granate. Tausend Fragen schießen mir durch den Kopf: Sollte das Hotel aus Wut oder Verzweiflung beschossen werden? Wollten sich fanatische Offiziere mit dem Beschuss westlicher Journalisten abreagieren? Oder war alles doch nur ein Versehen? Später kommt mein Producer Falah Zaki und behauptet, ein US-Panzer habe geschossen. Ich kann es mir nicht vorstellen, da in der Zimmerrichtung, also im Nordosten Bagdads, noch keine US-Truppen stehen. Auch Malek Kanaan, der für Reuters TV als Kameramann arbeitet, beharrt darauf, dass ein US-Panzer geschossen hat. Malek ist verlässlich, das weiß ich aus jahrelanger Zusammenarbeit. Er sagt, er habe beobachtet, wie ein Panzer von der Brücke aus auf das Hotel gezielt und geschossen habe. Die Granate hat im 15. Stock die Nordwestecke des Hotels getroffen. Das Geschoss und die herumfliegenden Glassplitter haben auch José Cuoso, den Kameramann des spanischen Senders Telecinco, im 14. Stock schwer verletzt. Er stirbt ebenfalls.

Entsetzen mischt sich mit Wut und Angst. Wie kann ein Panzer das Hotel beschießen, in dem 150 Journalisten leben? Wissen die US-Einheiten tatsächlich nicht, wo wir arbeiten? Der Panzerkommandeur muss doch erkannt haben, dass er auf ein Hotel schießen lässt! Von der Brücke, seinem Standpunkt, aus ist das Namensschild «Hotel Palestine» klar zu sehen.

Um zehn Uhr morgens hatte ich zwei Panzer beobachtet, die immer wieder auf die Brücke vorrückten und dann zurückwichen. Offensichtlich wurden sie angegriffen. Möglicherweise fühlte sich einer von ihnen vom Hotel aus bedroht. Diese Vermutung äußere ich in mehreren ZDF-Sendungen am Nachmittag. Empört bin ich über die von Sprechern der US-Streitkräfte geäußerte Behauptung, der Panzer sei vom Hotel aus beschossen worden. Mit Notwehr zu argumentieren kommt einer Lüge gleich, denn aus dem Hotel wurden die Panzer nicht angegriffen. Schon gar nicht aus der Lobby, die auf der der Tigrisbrücke abgewandten Seite liegt. Diese absurde Behauptung stellt ein US-Offizier auf, um den Beschuss des Hotels zu rechtfertigen. Auch Kollegen haben nichts Verdächtiges beobachtet. Mohammed Shitta, der Kameramann von Video Kairo, hat den gesamten Vormittag auf dem Vordach des Hotels verbracht: «Zwei Stunden lang war es sehr ruhig. Ich habe keine Schüsse aus dem Hotel gehört. Es gab auch keine Explosion. Dann hörte ich plötzlich die Detonation des Geschosses. Ich weiß nicht, woher es kam.»

Hauptmann Philip Wolford, der Panzerkommandant, äußert sich später widersprüchlich. In seinem ersten Interview spricht er von einer Beobachtungsposition der Iraker, die er in dem Hochhaus vermutet habe und angreifen wollte. Diese Aussage klingt plausibel, zumal US-Kollegen, die die Panzertruppe begleiten, versichern, dass die Panzerbesatzung nach dem Angriff auf das Hotel unter Schock stand.

Wolford erklärt, er habe erst zwanzig Minuten nach dem Angriff die Information erhalten, ein Hotel sei getroffen worden. Was er nicht sagt, erzählt Jules Crittenden vom «Boston Herald» eine Woche später dem dpa-Korrespondenten Gregor Mayer. In der US-Einheit habe große Nervosität geherrscht, da die Panzer den ganzen Vormittag vom Ostufer des Tigris beschossen worden seien. Immer wieder sei erwogen worden, irakische Positionen auf der Ostseite des Tigris von der Luftwaffe bombardieren zu lassen.

In dem Untersuchungsbericht der Organisation «Committee to Protect Journalists» (CPJ) vom 27. Mai wird beschrieben, dass Oberst David Perkins, der Kommandeur der Panzerbrigade, den Lufteinsatz erwogen habe und sich mit der Bitte an Journalisten wandte, den Standort des Hotel Palestine zu bestimmen, damit es nicht irrtümlich bombardiert würde. AP-Reporter Chris Tomlinson habe sogar das AP-Büro in Katar angerufen, um eine Beschreibung des Hotels zu erhalten. Er habe auch eine Botschaft an die Kollegen im Hotel senden wollen, weiße Bettlaken aus den Fenstern zu hängen. Doch diese Bemühungen kamen zu spät, denn der Panzer hatte in der Zwischenzeit die Granate auf das Hotel abgefeuert. Erst anschließend sei strikter Befehl ergangen, nicht mehr auf das Hotel zu schießen. Wie unterschiedlich die «eingebetteten» Journalisten gearbeitet haben, zeigt sich an diesem Vorfall. Während sich etwa die Kollegen des US-Fernsehsenders Fox nicht äußern wollten, tragen andere «eingebettete» Journalisten zur Aufklärung des Vorfalls bei: Ihre Schilderungen lassen genau wie der Untersuchungsbericht klar erkennen, dass die Karten der US-Streitkräfte nur ausnahmsweise (wie etwa die IKRK-Zentrale in Bagdad) Markierungen der zivilen, also nicht anzugreifenden Ziele enthalten. Dem Bericht zufolge hat Panzerkommandant Wolford gewusst, dass sich das Hotel Palestine auf der Ostseite des Tigris befindet. Im Moment des Angriffs auf den 15. Stock sei ihm jedoch nicht bewusst gewesen, dass es sich bei dem Zielobjekt um das Hotel gehandelt habe.

Trotz aller widersprüchlicher Aussagen steht eindeutig fest, dass, entgegen den Behauptungen, die US-General Vincent Brooks Stunden nach dem Angriff aufstellt, aus der Lobby des «Palestine» nicht auf den Panzer geschossen werden konnte. Ebenso sicher ist, dass die Kampfeinheiten der US-Armee nicht über die Lage des Hotels informiert wurden, obwohl die Kommandozentrale in Qatar wusste, dass die ausländischen Journalisten im Palestine-Hotel arbeiten. US-Außenminister Colin Powell bekräftigte auch nach Kriegsende seine Behauptung, der Beschuss sei gerechtfertigt und angemessen gewesen. Der Untersuchungsbericht von CPJ kommt dagegen zum Ergebnis, dass er vermeidbar war, und kritisiert, dass die US-Behörden die Ergebnisse der angekündigten Untersuchungen bislang nicht veröffentlicht haben. Zugleich gibt es für den Angriff auf das «Palestine» noch einen anderen Hintergrund. Der Einmarsch der Amerikaner nach Bagdad verläuft nicht ganz so, wie ihn die Strategen in der US-Kommandozentrale in Doha geplant hatten. Eigentlich sollte der Vormarsch der Marines aus den südöstlichen Vororten in die Stadtmitte zeitgleich mit dem aus dem Südwesten erfolgenden Vorstoß der Einheiten der Infanteriedivision erfolgen. Doch die Infanterie gewinnt den Wettlauf nach Bagdad und muss an den Tigrisbrücken Halt machen. Denn für die Kontrolle der Stadtteile auf der östlichen Seite des Tigris sind Verbände der Marine vorgesehen. Das 1. Marine-Expeditionskorps hat wegen der Kämpfe bei Nassirijah und an den Diyala-Brücken Zeit verloren und erreicht das Stadtzentrum erst 48 Stunden nach den Infanteriebrigaden.

Bei dem stundenlangen Hin- und Hergefahre der beiden Panzer auf der Tigrisbrücke dürfte es sich somit um ein Ablenkungsmanöver handeln. Die Panzer sollen offensichtlich Angriffe auf sich ziehen, um irakische Verbände im Brückenbereich zu binden, denn für die Kontrolle der Brücke wäre es nicht nötig, die beiden Panzer so weit zu exponieren. Auch künftig bleibt ihr Aktionsradius auf die westlich des Tigris liegenden Stadtteile begrenzt, weil die östlichen Teile der Stadt von den Marines kontrolliert werden.

Während die Panzer auf der Brücke vor- und zurückrollen, besetzen die Marines in den südlichen Vororten Bagdads den Luftwaffenstützpunkt Raschid. Anders als die Einheiten der Infanterie treffen sie auf den letzten Kilometern kaum noch auf Widerstand. Dabei kommt ihnen zugute, dass die «Fedajin Saddam» vor allem in Westbagdad gegen die US-Infanterie kämpfen und Freiwilligenverbände auch die Brücken gegen den vermeintlichen Vorstoß von US-Panzern aus dem Westen verteidigen.

Auch die tagelangen Bombenangriffe erleichtern den Vormarsch der Marines. Ganze Einheiten der Republikanischen Garden lassen ihre Waffen zurück und fliehen. So löst sich die al-Nida-Division praktisch auf. Marinesoldaten finden allein in einer Stellung 16 zurückgelassene T-72-Panzer und 29 gepanzerte Mannschaftstransporter. Genau wie im Südwesten werden auch südöstlich von Bagdad die Republikanischen Garden nicht erst in der Stadt, sondern bereits im Vorfeld entscheidend geschlagen.

Drei Stunden nach dem Einschlag ins «Palestine» fahre ich in die Sadounstraße im Zentrum von Bagdad. Gab es am Vortag kaum noch Passanten, so sind heute auch die Bewaffneten verschwunden. Selbst am Denkmal des irakischen Premierministers Mohsen Sadoun haben sich die Kommandos abgesetzt und ihre Stellungen verlassen. Für eine Regierung, die nicht mehr existiert, wollen sich nur noch wenige opfern. Die Verteidiger wissen, dass die US-Panzer kommen werden, wenn nicht noch am Abend, dann spätestens morgen.

In einer Nebenstraße herrscht auf einem Markt für arme Leute noch Betrieb. Um kurz vor vier gehen die Passanten plötzlich in Deckung oder verschwinden in Hauseingängen. Eine F-16 der US-Luftwaffe donnert mehrfach im Tiefflug vorbei, die Anflugschneise für die etwa 600 Meter entfernten Ziele nahe der Brücke der Republik liegt genau über der Straße. Es kommt nicht einmal richtige Empörung auf, als bekannt wird, dass ein türkisches Restaurant getroffen wurde. Die Menschen sind abgestumpft und wollen nur noch das Ende der Kämpfe.

Ein fliegender Händler verkauft an seinem Stand Falafel. Ich frage ihn, warum er sich nicht davongemacht habe wie viele seiner Kollegen, die ich noch am Montagnachmittag hier gesehen hatte. Er behauptet, bleiben zu wollen, weil «die Leute was zu essen haben müssen». In Wirklichkeit weiß er genauso wenig wie seine Kunden, wohin er fliehen soll. Sein Haus steht in Mossul – die US-Soldaten haben ihm bereits den Heimweg abgeschnitten.

Seine Kunden, vor allem libanesische Gastarbeiter, können ebenfalls nicht mehr fliehen. Der Flugzeug- und Gefechtslärm der vergangenen Stunden hat sie völlig verängstigt. Sie wollen nicht sprechen. Aber ihre Blicke verraten den Wunsch nach einem sofortigen Ende des Krieges. Insgeheim sehnen sie den Sturz Saddam Husseins herbei. Doch das werden sie nicht laut sagen, solange sie im Irak bleiben. Von Stunde zu Stunde schwindet die Orientierung. Um neun Uhr fällt das staatliche Fernsehprogramm aus. Für die meisten ist das kein Problem, da die Teestuben ohnehin keinen Generator besitzen. Doch der Ausfall des staatlichen Rundfunks wiegt schwerer, denn im verbleibenden UKW-Notprogramm sind nur Lobgesänge auf Saddam Hussein zuhören.

Dafür gewinnt ein starker US-Sender immer größere Bedeutung. In den Abendstunden ruft er die irakischen Soldaten ohne Unterlass zur Kapitulation auf. Am Sieg der Alliierten bestehe kein Zweifel, heißt es. Saddam Husseins Schicksal sei besiegelt. Wer sich den Befreiern entgegenstelle, müsse die Konsequenzen tragen.

Am Dienstag gelingt es den US-Streitkräften bis Sonnenuntergang jedoch nicht mehr, die östlichen Teile des Stadtzentrums unter ihre Kontrolle zu bringen. Gegen sechs Uhr ziehen sich die Panzer von der Brücke zurück. Kurz vor Einbruch der Dunkelheit wird auch im Zentrum nicht mehr gekämpft.

Die Saddam-Statue fällt

Mittwoch, der 9. April, wird ein besonderer Tag – allein schon, weil ich endlich ausschlafen kann. In der Nacht sind die üblichen Luftangriffe ausgeblieben, und da ich keine Morgensendung habe, bleibe ich länger im Bett. Auch die Kollegen kommen nicht wie üblich um halb neun ins Büro, das direkt im Nebenraum meines Hotelzimmers eingerichtet ist. Im Hotel hat sich Katerstimmung breit gemacht. Der Panzer-Beschuss und der Tod der beiden Kollegen strapaziert die Nerven. Nicht nur die Furcht vor weiteren Angriffen ist eine große Belastung, sondern auch die Einsicht, dass trotz aller Planungen und Überlegungen Schreckliches geschehen kann.

Bei mir hatte sich erst in den Abendstunden ein Gefühl der Erleichterung eingestellt, als ich merkte, dass die irakischen Kommandos aus der Innenstadt geflohen waren. Von diesem Moment an bin ich mir sicher, dass es keinen Straßenkampf geben wird, dass die US-Truppen die Kontrolle über die Stadt im Großen und Ganzen friedlich erlangen werden. Die nächtliche Angriffsruhe ist für mich ein weiteres Zeichen, dass die Kämpfe abflauen.

Doch als ich in die Lobby komme, baut sich die alte Spannung innerhalb von Sekunden wieder auf. Zuerst bin ich irritiert, weil die Mitarbeiter des Informationsministeriums nicht aufgetaucht sind. Normalerweise warten die Aufpasser im Empfangsbereich oder vor der Tür, um die Teams zu kontrollieren. Heute fehlen die meisten. Einige andere wie unser Schatten Tallal al-Tai haben sich schon vorher inoffiziell abgemeldet. Wir sollten es bitte nicht melden, ließ Tallal uns zwei Stunden nach dem Beschuss wissen, aber er müsse sich um seine Eltern in Tikrit kümmern.

Die Selbstauflösung des Regimes nimmt dramatische Formen an. Kader der Baath-Partei haben ihre tiefgrüne Khakiuniform ausgezogen und tragen Zivil, wenn sie überhaupt noch erschienen sind. Selbst Generaldirektor Odai al-Tai, der bisher nicht müde wurde, einen «Kampf bis zum letzten Atemzug» gegen die Invasoren zu beschwören, huscht in Hemd und Strickjacke durch die Lobby.

Das eigentlich Aufregende sind die Diskussionsgruppen der Kollegen draußen. Wir reden über die zunehmende Anarchie in der Innenstadt. Jugendliche beherrschen die Straßen und ballern mit ihren Kalschnikows wild durch die Gegend. Ganz offensichtlich gehören sie nicht zum letzten Aufgebot des Regimes, sondern bilden die Avantgarde der Plünderer und Straßenräuber. Einige Kollegen sind von ihnen bereits beschossen worden. Einem Team wurde die Kamera mit vorgehaltener Waffe abgenommen. Eine Kollegin vom bulgarischen Fernsehen wird sogar vermisst.

Fünfzig Meter weiter unten auf dem Parkplatz sehe ich Nasser Abdoun von Video Kairo heftig gestikulieren. Er hat bereits eine Art Fluchtplan ausgearbeitet. Auf seine Anweisung hin hat Kameramann Mohammad seine Ausrüstung auf dem Vordach des Hotels bereits abgebaut. Nasser bereitet sich darauf vor, innerhalb von Minuten mit seinem Transporter das Weite suchen zu können, sollten die Plünderer zum Sturm auf das Hotel ansetzen. Und dann sehe ich die jungen Männer. Fünfzehn bis zwanzig von ihnen lehnen an einer der Außenmauern des Hotels.

Ihre betonte Lässigkeit, ihr zur Schau gestelltes Desinteresse macht sie auch mir verdächtig. Ich mache mir Sorgen, denn wir Journalisten sind wegen unserer teuren Ausrüstung und des Bargeldes, das bei uns vermutet wird, eine perfekte Beute für die Plünderer. Ich fahre sofort auf mein Zimmer, verstecke die Handkasse im Lüftungsschacht und informiere die Kollegen in Mainz über die neueste Entwicklung. Dann mache ich mich auf die Suche nach dem Kollegen, der mich in das Notfall-Büro über seiner Wohnung bringen will, wenn die Situation zu bedrohlich wird. Doch zu meinem Ärger ist er weder auf seinem Zimmer noch in der Lobby. Und was mich sehr beunruhigt: Niemand hat ihn gesehen.

Die Gerüchte über Plünderungen und Anarchie in der Stadt verbreiten sich schnell. Schon am Dienstagnachmittag soll es erste Raubzüge gegeben haben. Zwölf Stunden später gehen die Plünderungen weiter, diesmal in Anwesenheit der anrückenden US-Soldaten. Ein Telefonat mit Dietmar Ossenberg in Mainz trägt nicht gerade zu meiner Beruhigung bei. Der Leiter der Auslandsredaktion macht ironische Bemerkungen über die Bilder einiger eingebetteter Kollegen, die mit den US-Marines auf das Stadtzentrum vorrücken und die chaotischen Situationen der Plünderungen dokumentieren.

In einzelnen Vororten brechen wieder Kämpfe aus, Heckenschützen beschießen die vorrückenden US-Soldaten. Wenn diese das Feuer erwidern, werden jedoch oft nicht die Angreifer, sondern nur unschuldige Zivilisten getroffen. In der Innenstadt hören wir nichts von den Schießereien, dafür aber Berichte über weitere Verletzte und Tote. Auch ein Delegierter des IKRK wird erschossen, weil er zwischen die Kämpfenden gerät. Es wird einen ganzen Tag dauern, bis sein Leichnam geborgen werden kann.

Die Anarchie beeindruckt offenbar selbst die US-Soldaten, und sie scheinen sich mit Plünderern gar nicht erst anlegen zu wollen. Ein Verband der Marines ist auf der im Osten liegenden Kanalstraße vorgerückt. Andere Verbände sollen vom Raschid-Stützpunkt Richtung Stadtmitte gestartet sein. Am Hotel sind die US-Einheiten noch lange nicht.

Meine Unruhe wird größer – erstmals habe ich wirklich Angst. Ich weiß nicht, wie ich mich verhalten soll. Auch Falah, meinem Produzenten, und Ali, meinem Fahrer, ist die Ratlosigkeit anzumerken. Wir beschließen, in die Stadt zu fahren, um uns ein eigenes Bild zu verschaffen. Doch als wir den Kreisverkehr verlassen und die ersten Meter auf der Sadounstraße zurücklegen, spürt jeder von uns die merkwürdige Atmosphäre. Wir sehen nur wenige Autos, dafür jedoch auffällig viele Fußgänger auf der Fahrbahn.

Ein kurzer Blickkontakt: Wir brechen die Fahrt ab und kehren ins Hotel zurück.

Dort hat Nasser von Video Kairo seine Ruhe zurückgewonnen und gibt schon wieder Anweisungen, die Kamera auf dem Dach zu installieren. Ich hatte ihn zwar genau darum gebeten, aber ihn in den vergangenen acht Wochen auch gut genug kennen gelernt, um zu wissen, dass er mir jetzt nicht nur einen Gefallen tut. Und richtig: «Die Soldaten kommen», flüstert er mir zu. «Geh nach oben, dann tauchen sie genau hinter dir im Bild auf, wenn du vor der Kamera stehst.»

Mir gelingt es nicht, herauszufinden, von wem diese Nachricht stammt. Auf dem Vordach des Ministeriums herrscht wieder reges Treiben. Positive Spannung liegt in der Luft, die Techniker ziehen ihre Kabel. Den Kollegen ist die Erleichterung deutlich anzumerken. Etwas sehr Merkwürdiges passiert: Auch ich freue mich auf das Erscheinen der Soldaten, ja, ich sehne es geradezu herbei. Nur sie allein können das Machtvakuum nach dem Fall des Regimes füllen und für unsere Sicherheit garantieren.

Doch erst einmal zieht sich der Vormarsch hin. In den Häuserblocks auf der dem Hotel gegenüber liegenden Seite verschwinden bewaffnete Iraker. Wieder steigt in mir Unruhe auf. Sind das die gefürchteten Heckenschützen? Wollen sie Kämpfe provozieren, wenn die US-Marines auftauchen, oder gar auf Journalisten schießen? Eine halbe Stunde später ist alles vergessen: Die amerikanischen Soldaten sind endlich da. Zuerst sehe ich, wie drei nur mit Gewehren bewaffnete Marines auf dem Bürgersteig auftauchen. Sekunden später schiebt sich ein Abrams-Panzer ins Bild. Und dann kommen immer mehr: Erst fünf, dann zehn – bald sind es genug Soldaten, um die Situation zu kontrollieren. Die Erleichterung ist unbeschreiblich, und mir wird schlagartig bewusst: Für mich ist der Krieg zu Ende.

Gleichzeitig beginne ich mit der längsten Live-Reportage meines Berufslebens. Eigentlich sollte ich nur fünf Minuten für «Hallo Deutschland» berichten, doch daraus werden schließlich fünfzig, weil sich auf dem Ferdouz-Platz unglaubliche Szenen abspielen. Panzer und gepanzerte Mannschaftstransporter halten auf dem Platz und sichern ihn nach allen Seiten. Als Erster stürmt ihnen der Hotel-Direktor entgegen und verschwindet nach zwei Minuten mit mehreren Offizieren in der Lobby. Aus der Sadounstraße nähert sich vorsichtig eine Gruppe junger Männer, vielleicht sind es sogar die, vor denen ich am Vormittag so große Angst hatte. Mehrere von ihnen kommen mit nacktem Oberkörper und schwingen ihre weißen Unterhemden über dem Kopf – das Signal an die Marines, dass sie gute Absichten haben.

Auch aus den anderen Straßen strömen Iraker, es werden immer mehr. Erste Steine fliegen gegen die gewaltige Statue von Saddam Hussein, das überlebensgroße, etwa fünf Meter hohe Standbild, das ihn im Anzug zeigt. Die Menge ist entschlossen, den Diktator aus Bronze zu stürzen. Einige kommen mit einem Seil, das am Hals der Statue befestigt wird. Doch alles Zerren nützt nichts. Selbst der Versuch, den Sockel mit einem Schmiedehammer zu zertrümmern, bringt nicht viel. Nur ein paar Marmorteile platzen ab.

Langsam macht sich Frustration breit, und die Szene gewinnt ungewollt symbolische Bedeutung. Den Männern gelingt es einfach nicht, das Standbild des Diktators zu stürzen. Trotz aller Mühen ist es nicht einmal zu erschüttern. Ein Bergungspanzer fährt die Stufen zum Standbild hoch. Am Hals des Diktators soll ein Stahlseil befestigt werden.

Im Überschwang des Sieges verhüllt ein Marinesoldat Saddams Metallgesicht mit einem Sternenbanner. Statt Jubel erntet der Übereifrige das betretene Schweigen der Menge. Die Menschen kennen sehr wohl den Unterschied zwischen Eroberung und Befreiung. Erst als der Diktator mit einer alten irakischen Flagge verhüllt wird, regt sich schüchterner Jubel. Der Sturz zieht sich jedoch weiter hin, bis dem Koloss endlich eine Stahlkette um den Hals gehängt wird und der Bergungspanzer seine volle Kraft einsetzen kann. Langsam zieht er die Statue nieder, ihr Beharrungsvermögen erstaunt jeden Beobachter.

Seltsamerweise hält sich die Begeisterung noch immer in Grenzen. Viele Männer scheinen Angst vor der eigenen Courage zu haben. Im Grunde ihres Herzens waren sie auf diesen Schritt nicht vorbereitet. Für Saddams erklärte Gegner verwirklicht sich hingegen ein Traum, an dessen Erfüllung sie schon fast nicht mehr geglaubt hatten.

Plötzlich dominieren wieder die Jugendlichen das Geschehen. Ein ganz Mutiger setzt sich auf den abgetrennten Kopf der Statue. Das Seil wird daran befestigt und die Trophäe samt Reiter im Schweinsgalopp Richtung Innenstadt gezogen. Mir stockt das Herz, sollten die Jungs tatsächlich den Kopf Saddam Husseins als Trophäe durch die Innenstadt schleifen? Würden sie damit ein Fanal setzen, würden sie es wagen, Machtsymbole des alten Regimes auch außerhalb der Reichweite von US-Panzern zu zerstören?

Meine Spannung weicht nach wenigen Sekunden. Als die Fünfer-Gruppe den vordersten der Abrams-Panzer in der Sadoun-Straße passiert, verlässt sie schnell der Mut. Erst traben sie noch einige Meter, dann halten sie an. Ihnen fehlt die Entschlossenheit, aus dem Schatten der Marines zu treten und ihre Sieges-Trophäe in die Innenstadt zu schleifen. Dieses Zögern und Halten – ein symbolisches Bild, genau wie das Stürzen der Statue selbst. Dafür war ein Bergungspanzer nötig, ganze Divisionen mussten bis Bagdad marschieren, um den Präsidenten zu stürzen. Der Opposition gelang es nicht, Saddam Hussein zu beseitigen: Die US-Armee musste sogar zu Hilfe kommen, um das Ebenbild Saddams vom Sockel zu stoßen.

So machen die Jugendlichen schnell kehrt und laufen auf der Gegenfahrbahn zurück, um wieder den Schutz der Panzer zu suchen. Erst auf deren Höhe fassen sie wieder Mut und rennen in altem Tempo zur Platzmitte zurück. Wenige Minuten später liegt der zerschrammte Kopf im Staub. Dann erst kommen ein paar Frauen, um das Trümmerteil genau anzusehen – als wollten sie sichergehen, dass der Diktator auch wirklich am Boden liegt. Von einem Volksaufstand ist nichts zu spüren. Die meisten Iraker halten sich bedeckt und warten ab, ob der Sturz des Regimes tatsächlich von Dauer ist.

In den kommenden Stunden und Tagen demolieren zwar immer mehr Iraker Portraits und Standbilder des gestürzten Diktators. Aber die Menschen ergreift nicht der kollektive Freudentaumel, den sich die amerikanischen Befreier erhofft hatten. Nach Jahrzehnten der Angstherrschaft von Saddam Hussein trauen die Iraker weder ihrer neuen Freiheit – noch denen, die sie ihnen gebracht haben.

Der Zusammenbruch

Der schnelle Kollaps des Regimes überrascht Gegner und Anhänger Saddam Husseins gleichermaßen. Beide hatten eine härtere Gegenwehr der irakischen Truppen erwartet. Zum einen rechneten die Kurden mit Vergeltungsangriffen, weil sie eine militärische Allianz mit den USA gebildet hatten. Die Schiitenorganisationen erwarteten eine wirkliche Schlacht um Bagdad und erbitterte Kämpfe in der Endphase des Krieges.

Auf der anderen Seite fühlen sich die Anhänger Saddams betrogen. Sie spüren, dass der Präsident und seine Söhne sich vor allem um ihr eigenes Schicksal kümmern. Ihr Versprechen, das Land bis zum letzten Blutstropfen zu verteidigen, wollten sie offenbar nicht einlösen. Gegner wie Anhänger waren auf Saddam Husseins Parolen hereingefallen.

Offenbar wusste der Diktator, dass seine Herrschaft auf Sand gebaut war. Saddam Hussein hatte ein System von Terror und Begünstigung aufgebaut, das sich ganz auf seine Person konzentrierte. Nicht nur durch Folter, Gefängnis und Erschießungen machte er sich seine Landsleute gefügig, auch durch ein raffiniertes Bonussystem. Wenn er einem Untertanen die Hand schüttelte, so nannte er dem Zahlmeister in seinem Gefolge gleich den Betrag, der sofort ausgezahlt werden sollte. Dieses Prinzip galt für die Leibwächter genauso wie für Techniker, Wissenschaftler, Militärs oder Minister.

Mazen Mousawi, der Spezialgardist, erzählt mir im Mai, dass er jeweils 25 000 oder 50 000 Dinar, also zehn oder zwanzig Dollar erhielt, wenn Saddam ihn in der Wache oder in der Stellung besuchte. Er und seine Kameraden seien immer ganz aufgeregt gewesen, wenn der Präsident kam. Ihnen sei es völlig egal gewesen, ob Saddam Hussein persönlich oder ein Doppelgänger erschienen war. Denn auch der habe Geld verteilen lassen.

Auch im Verhältnis zum irakischen Kabinett spielten finanzielle Zuwendungen eine bedeutende Rolle. Nur funktionierte das System diskreter. Die Geldbriefträger traten nach wichtigen Sitzungen oder vor Fest- und Feiertagen in Aktion und überreichten das Bargeld nicht direkt am Kabinettstisch. So lebte ein ganzes Volk von Zuwendungen und in Angst. Während Anhänger mit Extralöhnen geschmiert wurden, hatten Gegner Verfolgung, Folter und Tod zu erwarten – Fundamente der Herrschaft, die sich bald als brüchig erweisen sollten.

Saddam Hussein kann sich während des Krieges nicht mit starken Worten retten. Im Gegenteil, sie fallen auf ihn zurück. Die Drohungen des Diktators sind reiner Bluff: die Ankündigung der Entscheidungsschlacht um Bagdad genauso wie die Androhung weltweiter Terrorschläge oder der Einsatz chemischer Waffen gegen vorrückende alliierte Truppen.

Im Rückblick kommt mir der angeblich völlig abgehobene Informationsminister Mohammad Al-Sahaf gar nicht mehr wie ein durchgeknallter Wichtigtuer vor, sondern wie ein typisches Produkt des irakischen Systems. Treibt er vor Kriegsbeginn Bauarbeiter und andere Untergebene in Anwesenheit von ausländischen Journalisten handgreiflich an, so will er damit erreichen, dass man ihn ernst nimmt und nicht an seiner Entschlossenheit zweifelt. Mit zunehmender Dauer wandelt er sich zum Schwätzer, der umso mehr von seiner Glaubwürdigkeit verliert, je verzweifelter er versucht, die Fassade seiner Staatspropaganda aufrechtzuerhalten. In den letzten Stunden vor dem Zusammenbruch macht er sich genauso rasch aus dem Staub wie seine Untergebenen. Er weiß schließlich am besten, wie schnell das von ihm gepriesene System bankrott gegangen ist.

In der Bevölkerung setzt sich diese Einsicht jedoch nur langsam durch. Der einzelne Iraker kann unmöglich überblicken, dass es sich bei der angekündigten Entscheidungsschlacht um und in Bagdad größtenteils um eine Erfindung politischer Hochstapler handelt.

Für die Offiziere der Republikanischen Garden dürfte es eine schmerzhafte Erkenntnis gewesen sein, dass sie mit ihren Einheiten geopfert werden sollten, um den Gegner in die Irre zu führen. Gerade den Militärs dürfte klar geworden sein, dass die von Saddam Hussein gewählte Taktik scheitern musste, weil die USA entschlossen waren, den Krieg bis zur Eroberung Bagdads fortzuführen.

Wie zynisch Saddam Husseins Politik tatsächlich war, offenbart sein Umgang mit dem Thema Massenvernichtungswaffen. Bis Anfang März ließ er seine Vertreter stets verkünden, er besitze die verbotenen Waffen gar nicht mehr. Dies war die Darstellung nach außen. Doch im Irak selbst machte schnell das Gerücht die Runde, der Vormarsch der alliierten Truppen werde im entscheidenden Moment mit chemischen Waffen gestoppt.

Der Präsident konnte dabei an seine Befehle aus dem Kuwait-Krieg 1991 anknüpfen. Damals war der Einsatz von Anthrax für den Fall vorgesehen, dass US-Truppen auf Bagdad vorrücken. Im Offizierskorps bestanden kaum Zweifel, dass die Drohung wahr gemacht werde sollte. Schließlich waren in den achtziger Jahren bereits chemische Waffen im großen Stil gegen Iran und die Kurden eingesetzt worden.

Mazen Mousawi erzählt mir mehrfach, er sei als Unteroffizier der Spezialgarde während des gesamten Krieges überzeugt gewesen, sein Land besitze chemische Waffen und werde sie auch einsetzen, um den Vormarsch gegnerischer Einheiten zu stoppen. Alle Spezialtruppen waren in der Kriegführung unter den Bedingungen des Einsatzes chemischer und biologischer Waffen ausgebildet. Jeder Soldat trug in seiner Uniform eine Liste der Codewörter für den Fall chemischer oder biologischer Angriffe.

Spezialgardist Mazen Mousawi kennt die Einzelheiten der Planung: «Es gab einen Plan, der von einigen Kommandeuren entwickelt wurde. Wir haben gehört, dass die höchsten Gremien Iraks unter der Leitung von Präsident Saddam Hussein den Befehl geben wollten, chemische Waffen gegen die US-Truppen einzusetzen, und zwar für den Fall, dass die Amerikaner den Flughafen besetzen. Aber viele Offiziere und Soldaten wollten Befehle über den Einsatz chemischer und biologischer Waffen nicht befolgen. Sie hatten Angst vor den Konsequenzen.»

So sieht Mazen Mousawi in der Furcht vor dem Einsatz chemischer Waffen einen wichtigen Grund, warum gerade Offiziere während des Krieges desertierten: «Sie befürchteten, dass die USA zur Vergeltung taktische Atomwaffen gegen Bagdad einsetzen würden. Aus Angst um ihre Familien zogen sie sich zurück, um den Plan nicht ausführen zu müssen. So blieb das Ausmaß der Zerstörung Bagdads wegen des Rückzugs einiger Generäle auch relativ gering.»

Vermutlich hatte Saddam Hussein nur geblufft, als er den Eindruck erweckte, er würde chemische Waffen einsetzen. Doch selbst wenn noch Restmengen aus den alten Programmen vorhanden waren, hätten die Offiziere die Gase vermutlich nicht genutzt. Der schnelle Zusammenbruch der Front führte ihnen drastisch vor Augen, dass das Ausmaß ihrer Niederlage durch den Einsatz der Waffen nur noch vergrößert würde. Anders als Saddam Hussein und seine Minister in Bagdad hatten die Offiziere die effiziente Kriegführung der US-Streitkräfte erlebt. Sie wussten, dass der Vormarsch alliierter Divisionen nicht einmal durch den Einsatz chemischer Waffen zu stoppen war.

Während des Krieges wurde das Lügengebäude des Regimes auch von seinen Anhängern mehr und mehr durchschaut. Sie belächelten ihren Informationsminister, und nicht nur bei Offizieren, sondern auch bei einer wachsenden Zahl seiner Anhänger schwand das Vertrauen in Saddam Hussein. Dieser Vertrauensverlust beschleunigte die militärische Niederlage und den Zusammenbruch des Regimes.

Allerdings fand die Schlacht um Bagdad auch deshalb nicht statt, weil die irakischen Militärs erkannt hatten, wie groß die militärische Überlegenheit der US-Streitkräfte tatsächlich war. Da Gegenwehr zwecklos erschien, ließen sie es zu, dass Soldaten oder Gardisten scharenweise ihre Waffen und Uniformen wegwarfen und zu ihren Familien zurückkehrten.

In den letzten Stunden des Krieges in Bagdad kämpften nur noch verzweifelte, ideologisch verblendete Kommandos – vor allem die Fedajin Saddam. Die meisten von ihnen beteiligten sich erstmals bei den Kämpfen um den Flughafen am Krieg. Bereits am Sonntag, dem dritten Tag der Gefechte, mussten viele mit vorgehaltener Waffe gezwungen werden, in die Schlacht zu ziehen.

Bei den Kämpfen der letzten Tage kommt es zu den höchsten zivilen Verlusten im Kriegsverlauf. Der Zusammenbruch des irakischen Regimes sorgt auch dafür, dass die Zahl der Opfer unbekannt bleibt. Hunderte dürften getötet und Tausende verletzt worden sein. Die Gründe sind vielfältig. Sie sind aber auch darin zu suchen, dass im Rahmen der «Operation Irakische Freiheit» wesentlich mehr ungenaue Waffen eingesetzt werden als vom Pentagon angekündigt.

So waren einem Bericht der US-Luftwaffe zufolge nur 68 und nicht wie vorher behauptet 80 Prozent der eingesetzten Bomben Präzisionswaffen. Im Verlauf des Krieges wurden 908 Splitterbomben abgeworfen und 311 597 Projektile verschossen, die abgereichertes Uran enthalten, das beim Einschlag als Uranstaub freigesetzt wird.

Zudem darf nicht übersehen werden, dass es den Alliierten nicht gelungen ist, die irakische Bevölkerung für die Teilnahme am Krieg gegen Saddam Hussein zu gewinnen. So groß die Anstrengungen im Bereich der psychologischen Kriegführung auch gewesen sind und so bedeutsam ihr Beitrag für den schnellen Sieg war: Die Kluft zwischen den Alliierten und der Bevölkerung besteht nach wie vor. Wie bedeutsam dieses Versäumnis ist, zeigt sich daran, wie schwer sich die US-Truppen damit tun, den bewaffneten Widerstand nach Ende des Krieges zu beenden und die Bevölkerung für eine aktive Zusammenarbeit beim Aufbau einer neuen Zivilgesellschaft zu gewinnen.

Der Informationskrieg

Der militärische Sieg der Alliierten erscheint auch deshalb so strahlend, weil sich der Irak schnell als ein schwacher Gegner erweist. Saddam Hussein trägt mit seinen Bluffs dazu bei, den Erfolg der

Koalition größer erscheinen zu lassen, als er in Wirklichkeit war. Dennoch haben modernste Computertechnologie, verdeckte Kommandoaktionen, in den Medien inszenierte Täuschungsmanöver und Propagandafeldzüge den Zusammenbruch des Regimes und die militärische Niederlage in dramatischer Weise beschleunigt.

Mit der Kombination dieser strategischen Bausteine heben die USA ihre «Operation Irakische Freiheit» auf eine völlig neue Ebene militärischer Planungs- und Handlungsfähigkeit. Die Militärs können die Entwicklung auf dem Schlachtfeld und teilweise auch in der Öffentlichkeit nahezu in Echtzeit steuern.

Der Krieg wird nicht nur im Luftraum oder den Wüsten- und Sumpfregionen Iraks geführt. Mit Hilfe der Medien bestimmen die Militärs zugleich die öffentliche Wahrnehmung und nutzen sie für ihre Planungen. Sie schaffen es, Erwartungen zu wecken und Szenarien und Täuschungen zu verbreiten. Damit sind die amerikanischen Streitkräfte im Informationszeitalter angekommen. Sie machen Information, Desinformation und Nichtinformation zu einer neuen Waffengattung und führen einen neuen Krieg: den Informationskrieg.

Diese Art von Krieg beginnt lange vor dem ersten Waffengang, und seine Präzisionsbomben sind die zielsicher eingeflüsterten Exklusivmeldungen. So gelangte die Kunde davon, dass der Krieg mit einem massiven Bombardement («Schock und Einschüchterung») beginnen sollte, über ungenannte Pentagon-Quellen an die «New York Times», die das Konzept sofort verbreitete. Das Pentagon hielt sich geschickt zurück – weder dementierte noch bestätigte man den Bericht. Als der erste Angriff dann nicht den diskret geschürten Erwartungen entsprach, konnte dem Verteidigungsministerium niemand vorwerfen, es habe falsche Erwartungen geweckt.

In dieser neuen Art von Krieg erfüllen die PR-Strategen der US-Administration eine ähnliche Funktion wie sonst die Bomberpiloten. Die Spezial-Abteilungen für Öffentlichkeitsarbeit im Pentagon und in den Geheimdiensten sind zu Kombattanten im Informationskrieg geworden.

Die Meister der Öffentlichkeitsarbeit bauen Drohkulissen auf, um die Weltmeinung für eine militärische Auseinandersetzung zu gewinnen und gleichzeitig dem Gegner Angst vor ihrem Hightech-Waffenarsenal einzuflößen. Die Planer kolportieren Angriffsszenarien wie «Schock und Einschüchterung», die die Weltöffentlichkeit und den Gegner in die Irre führen. Sie nutzen die symbolische Strahlkraft militärischer Operationen wie beim vermeintlichen Enthauptungsschlag im Sinne ihrer langfristigen Strategie.

Dabei nutzen die amerikanischen Militärs die mangelnde Transparenz der Berichterstattung in den Medien gezielt für ihre Täuschungsmanöver. Die von ihnen gestreuten Informationen, die von Zeitungen und Rundfunk aufgenommen und verbreitet werden, können Leser, Zuhörer oder Zuschauer unmöglich bis zur Quelle zurückverfolgen. Somit gelingt es ihnen nicht, die ursprüngliche Absicht der Militärs zu erkennen.

So gelingt es den Amerikanern, den großen taktischen Nachteil ihres Irak-Feldzuges zu kompensieren: die Tatsache, dass ihre Streitkräfte in Unterzahl in einen lange angekündigten Krieg ziehen müssen. Der Irak kann die Zeit nicht nutzen, die seit dem ersten Truppenaufmarsch verstreicht, weil er die Fähigkeit zur Irreführung und die Flexibilität seines Gegners unterschätzt. Ein Beispiel dafür: Als der wichtige Bündnispartner Türkei den amerikanischen Aufmarschplänen im Norden einen Strich durch die Rechnung macht, täuschen die USA den Irak über ihre Absichten und erzielen damit eine ähnliche Wirkung wie durch einen tatsächlichen Einsatz der 4. Infanteriedivision. Damit ist den USA der Einstieg in die virtuelle Kriegführung gelungen.

Information wird auch als Desinformation eingesetzt. Wenn Generäle auf Briefings für Journalisten laut darüber nachdenken, ob es nicht sinnvoll sei, erst das gesamte irakische Hinterland zu besetzen, Bagdad von der Außenwelt abzuschneiden und dann Saddam Hussein langfristig zur Kapitulation zu zwingen, so handelt es sich um lautes Nachdenken über eine wahrscheinlich schon überholte militärische Taktik. Durch einen militärischen Vorstoß in die

Hauptstadt wenige Stunden später wandelt sich die Aussage zu einem bewußten Täuschungsmanöver. Journalisten werden so als Mittel genutzt, den Kriegsgegner in die Irre zu führen. Information wird zum Bestandteil der Kriegführung: zum Informationskrieg.

Der US-Generalstab gibt diesem Informationskrieg sogar die Bedeutung einer eigenen Front: «Wir wollten eine Kombination aus zwei Dingen», zieht der Oberkommandierende der USA, General Tommy Franks, im Juni Bilanz: «Einerseits sollte die Öffentlichkeit von unseren Plänen möglichst wenig erfahren, und andererseits sollte das irakische Regime getäuscht werden, damit es genau so reagieren würde, wie wir es wollten.»

Im Klartext bedeutet dies, dass nicht nur dem Feind, sondern auch der eigenen Öffentlichkeit Desinformation zugemutet wird, da andernfalls die Täuschung des Gegners nicht gelingen kann. Briefings von Offizieren dienen nicht mehr dazu, die Öffentlichkeit über die Entwicklungen des Krieges zu informieren, sondern werden zu einem Bestandteil der Kriegsführung. Die Rolle der Journalisten – ob sie es wollen oder nicht – wird für die Militärs immer wichtiger: Sie sollen dazu beitragen, den Gegner in die Irre zu führen.

Kapitel 5

DIE PLÜNDERUNGEN

«Ali Baba» wird zum Zauberwort und Bagdad zum Selbstbedienungsladen für Plünderer und Diebe – in der Stadt ist das Chaos ausgebrochen. Mit dem Ruf «Go in, Ali Baba» werden die Plünderer angeblich von US-Soldaten in ihrem Treiben bestärkt, so die Gerüchte unter den Journalisten am Donnerstagmorgen. Vor dem «Palestine-Hotel» ist davon nichts zu spüren. Im Gegenteil: Amerikanische Panzer haben Stellung bezogen und die Marines errichten Stacheldraht-Barrieren, um den Zugang zum Hotel kontrollieren zu können. Schon wenige Hundert Meter weiter wird klar, dass die Kollegen nicht übertrieben haben – Tausende sind auf den Beinen und räumen ab, was eigentlich dem Staat gehört. Sie brechen Büro- und Verwaltungsgebäude auf und schleppen davon, was sie mit bloßen Händen greifen können. Besonders beliebt sind Büromöbel und Computer.

Jugendliche, die Monitore auf der Schulter tragen, gehen mitten auf der Straße. Die Plünderer scheint nichts erschrecken zu können. Schwere Güter werden mit Autos abtransportiert – auf den Ladeflächen türmen sich Klimaanlagen und Kühlschränke. Jeder nimmt, so viel er tragen kann. Besonders Skrupellose nutzen geraubte Fahrzeuge für den Transport. In der Nidalstraße verliert ein Krankenwagen Bücherregale, weil der Fahrer zu schnell in die Kurve geht. Einige Jugendliche zerren Pferde durch die Karradastraße, sie stammen aus dem Reitclub in Jadrijah, in dem die Familien der Spitzenpolitiker zu verkehren pflegten.

Gerade drei Stunden benötigten die Plünderer, um die deutsche Botschaft am Mesbahplatz leer zu räumen. Was sich als zu schwer erweist, wird zerstört oder – wie ein Tresor im Hof der Vertretung – einfach zurückgelassen. Warum gerade die deutsche Botschaft, das französische Kulturinstitut und die Unesco-Vertretung verwüstet werden, weiß niemand. Eine Mutter mit ihren zwei Kindern schweigt betreten, als ich sie frage, was sie in der Botschaft wolle. Völlig genervt wirft sie Generalstabskarten auf den Fußboden. Nichts von Wert ist zurückgeblieben. Als wir Aufnahmen von der gründlich demolierten Eingangshalle machen, verschwindet die Frau durch den Hinterausgang.

Vor allem die Bewohner der Schiitenviertel fallen wie Heuschrecken über das Stadtzentrum her. Kein Ministerium ist vor ihnen sicher. Sehr schnell hat sich herumgesprochen, dass die US-Soldaten Plünderungen nicht nur tolerieren, sondern die Täter sogar noch ermuntern sollen, Ministerien leer zu räumen – «Go in, Ali Baba!»

Immer wieder spreche ich Marines an, warum sie den Vandalismus nicht stoppen. Mehr als ein Achselzucken ernte ich selten, manchmal werde ich auf Vorgesetzte verwiesen. Die Besatzungssoldaten sind sichtlich überfordert. Sie scheinen erleichtert, dass es keinen Widerstand gibt und stattdessen die Ministerien und die Villen der Funktionäre demoliert und geplündert werden. Nicht nur die einfachen Soldaten denken so – auch höhere Offiziere sind offenbar froh, dass die Iraker ihrer angestauten Wut in Plünderungen freien Lauf lassen.

Ein fataler Fehler – ganz offensichtlich haben die Verantwortlichen keine Vorstellung davon, was wirklich in der Stadt los ist. Nicht nur Plünderer aus den Vorstädten sind auf den Beinen. Auch Saddams Agenten beteiligen sich an den Ausschreitungen, um Spuren eigener Untaten zu verwischen und die neue Besatzungsmacht zu kompromittieren. Was nach außen als spontaner Rachefeldzug wirkt, entpuppt sich als ein gezielter Versuch, Irak unregierbar zu machen.

Saddam Hussein und seine Söhne haben den militärischen Zusammenbruch vorausgesehen und das Chaos vorbereitet. Wie später bekannt wird, hat Saddam 24 Stunden vor Beginn des Krieges befohlen, die Tresore der Zentralbank auszuräumen. Sein Sohn Kusai und sein Sekretär Abid Hamid Mahmoud überwachten den Abtransport von einer Milliarde Dollar. Das in Metallkisten gelagerte Geld wurde im Morgengrauen vor Beginn der offiziellen Arbeitszeit in drei Fahrzeugen abtransportiert. In den Tagen nach dem Einmarsch fanden US-Soldaten in der Nähe eines Palastes 191 dieser Kisten, da es Saddam Hussein nur gelungen war, einen Teil des Geldes zu verstecken. Doch 45 Behälter mit immerhin 50 Millionen Dollar bleiben nach Angaben der US-Soldaten verschwunden. Diese für den Irak gewaltige Summe dürfte nur ein Teil der Mittel sein, die der gestürzten Führung zur Verfügung stehen, um ihre Untergrundarbeit gegen die US-Streitkräfte zu finanzieren.

Auch Udai Hussein, der älteste Präsidentensohn, bereitet das Abtauchen auf seine eigene Weise vor. Tomatau Joukhama erinnert sich daran, dass Udai seinen Leibwächtern am 6. April den Befehl gab, die Sammlung seiner Sportwagen und Luxus-Limousinen zu zerstören, sobald US-Truppen die Stadt besetzen. Die Fahrzeuge sind im Keller des Gebäudes des Olympischen Komitees geparkt. Einen Teil der wertvollen Sammlung hat der Präsidentensohn von Firmen erhalten, die mit Irak Handel trieben. Vor dem Abschluss größerer Verträge pflegte er anzudeuten, um welche neue Edelkarosse er seine Kollektion erweitern wolle. Ölhändler erwiesen sich als besonders willig, da der Handel mit Irak sehr lukrativ war.

Als erstes großes Gebäude in Bagdad wird das Olympische Komitee am Vormittag des 9. April geplündert. Udais Autokollektion wird ein Opfer der Flammen. Ein CNN-Team, das die US-Marines begleitet, macht Aufnahmen von den Plünderungen, die in alle Welt übertragen werden. Den Leibwächtern Udai Husseins gelingt es offensichtlich, ihr Vernichtungswerk zu tarnen. Wahrscheinlich hatten Anhänger Saddam Husseins auch die Zerstörung des nahe gelegenen Ölministeriums geplant, wie ein hoher Beamter des Ministeriums erklärt. Da eine US-Panzer-Einheit noch am Tag des Einmarsches mit der Bewachung des Gebäudekomplexes beginnt, gelingt es nicht mehr, schon vorbereitete Brandsätze zu zünden. Sie werden Tage später von Beamten des alten Regimes gefunden, als sie in ihre Arbeitszimmer zurückkehren. Die anderen, nicht von US-Truppen geschützten Ministerien werden dagegen innerhalb einer Woche zerstört oder in Brand gesetzt. Die Systematik der Zerstörung deutet auf ein organisiertes Vorgehen.

Bereits während der Plünderungen nutzt Saddam Hussein das Netzwerk seiner Anhänger, um die US-Truppen für das Geschehen verantwortlich erscheinen zu lassen. Systematisch werden in Bagdad auch Gerüchte verbreitet, kuwaitische Agenten würden mit Zustimmung der US-Soldaten die Plünderungen und Brände organisieren. Es handele sich um Vergeltung für die irakische Zerstörung und Plünderung Kuwaits während der Besetzung des Scheichtums 1990. An der Reihenfolge der Plünderungen sei zu erkennen, dass es sich um einen Rachefeldzug handele. Vor allem die Sunniten, von denen viele Saddam Hussein nahe stehen, sind von der Wahrheit der Gerüchte überzeugt.

Den größten Propagandaerfolg landen die Anhänger Saddam Husseins mit ihrer Darstellung von der Plünderung des Nationalmuseums. Auch hier stürmen vor allem Bewohner eines Schiitenviertels, das nördlich an das Museumsgelände grenzt, das Gelände. In dem Chaos werden Exponate gestohlen, Vitrinen aufgebrochen und Statuen zerstört. Teile des Museums sind bereits am zweiten Tag verwüstet. Unter den Journalisten im «Palestine-Hotel» verbreitet sich das Gerücht, im Nationalmuseum seien organisierte Antiquitätenräuber am Werk. Direktor Donny Georges ist verzweifelt, als ich ihn im Museum treffe: «Das waren keine normalen Unruhestifter. Sie haben die ägyptischen Kopien einfach liegen lassen. Die kennen sich aus.» Auch der Geistliche im Viertel glaubt, dass es sich um organisierten Kunstraub handelt. Er hat die Gläubigen aufgerufen,

Beutegut zurückzugeben oder in der Schule abzuliefern, die von Mitgliedern eines islamischen Komitees bewacht wird. Zwei der Klassenzimmer sind sogar zu Zellen umfunktioniert worden. In ihnen liegen drei junge Männer, die Autos gestohlen haben sollen. In der Turnhalle werden die abgelieferten Beutegüter gesammelt. Computer, Büroeinrichtungen und sogar ein 18 000 Euro teures, neuwertiges Weitwinkelobjektiv liegen auf dem Boden, doch Antiquitäten fehlen. In einer Kiste entdecke ich nur einige Repliken und Fotografien. Bisher seien nur Stücke ohne großen Wert zurückgegeben worden, bestätigt der Geistliche. Er ist nicht überrascht: «Alles war organisiert. Am ersten und zweiten Tag sollten einfache Plünderer davon ablenken, dass organisierte Räuber die Fäden ziehen. Sie wollen das historische Erbe des alten Irak zerstören.» Aufgebracht wendet er sich an mich: «Warten Sie noch einige Monate, dann werden die Exponate in den Vitrinen europäischer Museen auftauchen.»

Wie ein Lauffeuer verbreitet sich die Nachricht über den Kunstraub in Bagdad. Da die Menschen mit eigenen Augen gesehen haben, wie trotz der Anwesenheit der US-Truppen überall geplündert wird, sind sie überzeugt, dass es sich genau wie bei der Zerstörung der Nationalbibliothek um einen von US-Truppen geförderten Versuch handelt, die irakische Kultur zu vernichten. Die Menschen sind sogar bereit, an eine kuwaitisch-amerikanische Verschwörung zu glauben. Auf die Idee, dass Kräfte des alten Regimes einen raffinierten Propagandacoup starten, kommen nur sehr wenige.

Erst acht Wochen später stellt sich heraus, dass leitende Mitarbeiter des Museums die Zahl der geraubten Kunstschätze und das Ausmaß der Zerstörungen übertrieben haben. Der größte Teil der wertvollen Exponate wurde wie auch bei anderen Museen und Bibliotheken bereits vor Ausbruch des Krieges in Sicherheit gebracht. Es fällt nicht schwer, die US-Truppen für die Plünderung des Nationalmuseums mitverantwortlich zu machen, da sie unmittelbar nach deren Eintreffen in der Nähe des Museums begann. Agenten des gestürzten Regimes behaupten, amerikanische Soldaten hätten die Tür des Hauptgebäudes aufgebrochen und seien etwa zwei Stunden unbeaufsichtigt in den Ausstellungssälen geblieben. Anschließend hätten sie Gegenstände herausgebracht und abtransportiert. Selbst auf den Feuilleton-Seiten renommierter deutscher Zeitungen oder Kulturmagazine werden diese Aussagen verbreitet.

In Wirklichkeit verhält es sich genau umgekehrt. Die US-Armee geht auf Abstand. Statt Museen, Ministerien und öffentliche Gebäude zu schützen, wenden sich die Soldaten meist ab und mischen sich bei Plünderungen nicht ein. Zuerst führe ich diese Zurückhaltung auf die Angst der Soldaten zurück. Doch der Kommandeur einer Panzereinheit, die auf einem Platz etwa 400 Meter südwestlich des Nationalmuseums postiert ist, weist jede persönliche Verantwortung für das Nichteingreifen zurück. Er erklärt mir nüchtern: «Wir hatten den Auftrag, nicht auf das Museums-Gelände vorzurücken. Das muss auf einer höheren Kommandoebene entschieden werden. Und ich weiß nicht, welchen Grund es gab. Ich möchte nicht darüber spekulieren, warum das Museum nicht geschützt wurde. Dazu müssen sie einen meiner Vorgesetzten befragen.» Erst am 16. April, also eine Woche nach dem Beginn der Plünderungen und vor dem Hintergrund weltweiter Proteste, erhält die Einheit den Auftrag, in dem Museumsgarten Stellung zu beziehen.

Jay Garner, der Beauftragte der US-Regierung für den Aufbau einer Zivilverwaltung, unterschätzt die Brisanz der Plünderungswelle: «Das wird unter Kontrolle kommen. Man muss erst einmal den Krieg zu Ende bringen, bevor man sich damit beschäftigen kann.» Garner findet es unfair, dass Journalisten so umfassend über die Plünderungen berichten. Er glaubt, es seien vor allem Regierungsgebäude und Villen prominenter Mitglieder der Baathpartei betroffen. Dass auch Versorgungseinrichtungen zerstört werden, ist dem US-Verwalter noch nicht bewusst. Denn es werden auch Krankenhäuser und Einrichtungen der Strom- und Wasserversorgung, ja sogar Förderanlagen auf Ölfeldern ausgeraubt.

Im Nachhinein lässt sich erkennen, dass es sich vielfach gar nicht um Plünderungen, sondern um gezielte Sabotage handelt, mit der die Infrastruktur Iraks lahm gelegt werden soll. «Weit verbreitete Plünderungen und die Zerstörung Hunderter öffentlicher Einrichtungen» mache zusätzliche Hilfe erforderlich, erläutert die stellvertretende UN-Generalsekretärin Louise Frechette vor Vertretern der Regierungen, die Irak finanziell helfen wollen. Die internationale Gemeinschaft ist gefordert, weil Irak wegen der Plünderungen weniger Öl fördern wird als vor dem Krieg. Besonders gravierend sind die Schäden auf dem Rumaila-Ölfeld. Dort haben Plünderer die Wasseraufbereitungs- und Pumpanlage Garmat Ali vollständig zerstört. Der Generaldirektor der staatlichen Gesellschaft Süd-Öl Dschabbar Ali al-Liby kämpft mit einem Dauerproblem: «Jedes Mal, wenn wir etwas repariert haben, wird es sofort gestohlen.» Auch Philipp Carroll, ein ehemaliger Shell-Manager, der das Ölministerium berät, hält die Plünderungen für Sabotage: «Es hat viele Angriffe auf Förderanlagen gegeben, die keinen anderen Sinn machen, als die Entwicklung des Öl-Sektors zu behindern.»

Mich schockiert die Gleichgültigkeit der US-Armee jeden Tag aufs Neue. Noch eine Woche nach dem Sturz Saddam Husseins wird ungehindert weitergeplündert. Den ganzen Mittwoch über werden die Tee- und Zuckervorräte Bagdads aus den Hallen des Messegeländes abtransportiert. Einige tragen nur kleine Mengen offenbar für den privaten Verbrauch, andere beladen Kleintransporter und machen sich aus dem Staub. Mehrfach geraten Kolonnen der US-Armee in einen Stau und sitzen vor dem Messegelände fest. Die Plünderer tragen ihr Beutegut ungeniert und ungehindert zwischen Jeeps der US-Soldaten über die Straße. Auf meine wiederholten Bitten, doch endlich einzugreifen, ernte ich wieder nur Achselzucken. Dabei ist die US-Armee als Besatzungsmacht nach der Genfer Konvention verpflichtet, für Ruhe und Ordnung zu sorgen und somit auch Plünderungen zu verhindern und zu bestrafen.

Gerade die Weigerung, Krankenhäuser zu schützen, hat weitreichende Konsequenzen für die gesamte Entwicklung: In allen Stadtvierteln Bagdads bilden sich Komitees und Bürgerwehren, um die Bewohner vor Räubern, Dieben und Plünderern zu schützen. An den Zufahrten der einzelnen Stadtteile errichten junge Männer Straßensperren. Bürgerwehren durchkämmen die Viertel, um nach versteckten Kämpfern der Fedajin Saddam zu suchen. Sie werden vertrieben, um zu verhindern, dass die US-Soldaten letzte Widerstandsnester der irakischen Streitkräfte angreifen und es in den Wohnvierteln zu Kämpfen kommt.

Diese Bürgerwehren übernehmen die Sicherheitsaufgaben in den einzelnen Quartieren. In den vorwiegend von Sunniten bewohnten Stadtteilen haben die Komitees eine eher nationalistische Ausrichtung, während sie in den Schiitenvierteln meist von Geistlichen oder deren Anhängern gebildet werden. Innerhalb weniger Tage gelingt es Bürgerwehren und Komitees, die Sicherheit in den Wohnquartieren wiederherzustellen und den Alltag zu beruhigen. Geschäfte öffnen wieder, und es gibt sogar frisches Brot. Tagsüber ziehen sich die Bewaffneten zurück. Sie errichten jedoch allabendlich Straßensperren, um Plünderer und Unruhestifter aus ihrem Viertel fern zu halten. Da die Iraker den US-Soldaten nicht zutrauen, für die öffentliche Sicherheit zu sorgen, entstehen immer mehr Komitees. Selbst die Eingänge von Krankenhäusern werden bewacht. Auch Pfleger und Ärzte müssen an der Pforte Dienst mit der Kalaschnikow leisten.

So verspielen die US-Streitkräfte die Chance, ihren Anspruch einzulösen, als Befreier und eben nicht als Besatzer aufzutreten – wie sie es versprochen hatten. Mit Jay Garners Ankündigung, beim Neuaufbau der Institutionen auch Funktionäre der Baath-Partei mit einzubeziehen, verstärkt sich der Verdacht bei vielen Oppositionellen, die USA wollten Irak als Brückenkopf nutzen, um von dort aus die gesamte Region zu dominieren.

In ihrer Hilflosigkeit kooperieren die Amerikaner mehr und mehr mit Polizisten des alten Regimes. Tausende von ihnen melden sich, um an der Seite der US-Einheiten aufzutreten. Um das Chaos in den Straßen Bagdads zu beenden, verzichtet die Militärverwaltung auf gründliche Überprüfungen, die gewährleisten, dass einzig Beamte eingesetzt werden, die nicht kompromittiert sind.

Wie selbstsicher die alten Kader auftreten, spüre ich im Hotel. Geheimdienstmitarbeiter, die mir in den ersten Kriegstagen das Satellitentelefon abgenommen hatten, wagen sich wieder in die Lobby. Es bleibt mir ein Rätsel, wie sie die Kontrollen der US-Soldaten vor dem Hotelgelände passieren können, während zwei meiner Mitarbeiter jeden Morgen nur unter Schwierigkeiten passieren dürfen. Dass die Marines alte Dienstausweise akzeptieren, verstehe ich erst später. Weil das aufgelöste Informationsministerium meinem Producer und meinem Fahrer keine Arbeitserlaubnis erteilt hat, haben die beiden auch bei den US-Militärbehörden Probleme.

Statt Misstrauen abzubauen, vergrößert die US-Armee die Distanz zur Bevölkerung. Selbst Szenen spontaner Herzlichkeit, wie während der ersten Stunden des Einmarsches, gibt es nicht mehr. Argwohn wird geschürt, wenn die Iraker beobachten, dass zwar immer mehr Truppen in den Straßen patrouillieren, sie aber noch immer nicht eingreifen, wenn geplündert wird.

Auch die überhastete Kooperation mit alten Polizeikräften kann diesen Trend nicht wenden. Am Dienstag, sechs Tage nach dem Sturz Saddam Husseins, beobachte ich, wie US-Soldaten und irakische Polizisten einen Krankenwagen stoppen und durchsuchen. Er transportiert keine Verletzten, sondern ist mit Reissäcken und Diebesgut vollgestopft. Ein Polizeioffizier beschlagnahmt den Wagen und fährt ihn ins alte Polizeihauptquartier. Ein Unteroffizier der Marines sagt stolz: «Wir sorgen dafür, dass die irakischen Behörden und das Volk Sicherheit erhalten, damit sie nicht sagen, dass wir als Eroberer hier sind. Wir kommen als Befreier, wie sie sehen können. Das ist unser ganzer Auftrag. Wenn die irakische Polizei sagt, dies sei ein gestohlenes Fahrzeug, müssen wir sie unterstützen.»

Der Sergeant unterschätzt, dass das Misstrauen bei vielen Irakern durch gemeinsame Patrouillen mit irakischen Polizisten erst recht nicht abgebaut wird. Dies gilt umso mehr, als die US-Soldaten noch immer nicht konsequent gegen Plünderer vorgehen. Jedermann weiß, woher das Beutegut im Krankenwagen stammt: Es wurde Minuten vorher aus den Lagern des UN-Programms «Öl für Nahrungsmittel» geschleppt. Obwohl in der Stadt bekannt ist, dass dort seit Stunden geplündert wird und Diebe aus allen Stadtteilen auftauchen, schreiten die US-Soldaten nicht ein. Auch der Fahrer des Krankenwagens bleibt unbehelligt. Er schimpft sogar und ballt die Faust, als ihm das Fahrzeug abgenommen wird.

An der praktischen Sicherheitslage in der Fünf-Millionen-Stadt Bagdad ändern die gemeinsamen Patrouillen von US-Soldaten und irakischen Polizisten wenig. Zum einen treten sie vorwiegend im Zentrum der Stadt und in den Hauptstraßen auf. Zum anderen haben sie nur einen betont demonstrativen Charakter. Wie gespannt die Lage bereits wieder ist, wird mir bei einem Gespräch mit dem Politologen Wamidh Nadhmi klar. Er sieht in den gemeinsamen Patrouillen von Polizei und Soldaten eine gefährliche Orientierung der US-Politik: «Seitdem sich Basisinitiativen entwickeln und die Iraker überall Komitees bilden, ziehen die USA es vor, die alten Polizisten wieder einzusetzen, die 24 Stunden zuvor noch als Kriegsverbrecher beschuldigt wurden.» Für Nadhmi handelt es sich um eine opportunistische Politik, die Gräben weiter vertieft: «Die Polizisten betrachten sie als unterwürfige Diener. Das ist ihnen lieber, als Initiativen zuzulassen, die von den einfachen Irakern eingeleitet werden.»

Wenige Tage später spricht die US-Verwaltung den Professor an, um ihn für die Teilnahme an der Übergangsverwaltung zu gewinnen. Nadhmi lehnt ab. Auch diese Entscheidung werte ich als Zeichen, wie tief die Kluft zwischen der US-Verwaltung und der Bevölkerung bereits geworden ist.

Vor allem die schiitische Geistlichkeit nutzt die Unfähigkeit der amerikanischen Zivilverwaltung systematisch aus. In den Krankenhäusern der Vorstädte geben Mullahs bereits den Ton an. Sie wissen aus dem Libanon und aus Iran, dass die Herzen der Menschen leichter zu gewinnen sind, wenn man die medizinische Versorgung sichert. So nutzen die Geistlichen das Machtvakuum, um den eigenen Einfluss zu vergrößern. Ihr Selbstbewusstsein wächst mit je-

dem Tag. In einem Krankenhaus im großen schiitischen Elendsviertel, das früher Saddam City hieß, lässt der Leiter eines islamischen Komitees keinen Zweifel daran, dass die schiitische Bewe-
gung es nicht hinnehmen wird, wenn die US-Verwaltung sie nicht
zügig an der Verwaltung des Landes beteiligt. Dass die Militärs zu
den Komitees vor Ort bisher keinen Kontakt suchen, stört ihn
nicht. Denn er spürt, dass seine Arbeit wahrgenommen wird, wenn
Journalisten über die Arbeit der islamischen Komitees berichten.
Als ich darauf verweise, dass die alte Regierung ohne Krieg noch
lange an der Macht geblieben wäre, stimmt er zu: «Die Amerikaner
haben uns den Gefallen getan, das Saddam-Regime zu stürzen.
Aber wenn sie uns beherrschen wollen, und zwar total und für eine
lange Zeit, werden wir das zurückweisen.»

Die Geistlichen wissen, dass US-Panzer ihren wachsenden Einfluss nicht stoppen können. Daran wird sich nichts ändern, solange
es den Amerikanern nicht gelingt, ihren militärischen Erfolg politisch abzusichern. Selbst Gegner Saddam Husseins, die jahrelang
unter seiner Herrschaft gelitten haben, scheuen sich, mit den US-
Streitkräften zusammenzuarbeiten.

In den Straßen des Viertels, wo mindestens eine Million Menschen lebt, begegne ich keinen Soldaten. Viele der Plünderer stammen von hier. Auf Flohmärkten am Straßenrand wird das Beutegut
bereits verkauft. Aufrufe der Geistlichkeit, selbst ein Fatwa von
Ayatollah Sistani, haben die Armen nicht davon abhalten können,
in der Innenstadt zu plündern. Viele sind, von Not getrieben, eher
widerwillig auf Beutezug gegangen. Andererseits sind sie es
gewohnt, Besiegte auszuplündern. Ihre Väter hatten es ihnen bereits 1980 vorgemacht, als sie die iranische Hafenstadt Khorram-
shar besetzten. Auch 1990, nach der Besetzung Kuwaits, veranstal-
teten Iraker wahre Plünderungsorgien.

Aber das geschah in Feindesland.

Diesmal haben sich die Menschen hinreißen lassen, im Schutze
fremder Truppen das eigene Land auszurauben. Wenn der Rausch
verflogen ist, werden sie die Schuld nicht bei sich suchen, sondern

die fremden Soldaten verantwortlich machen, dass die Infrastruktur des Landes zerstört ist.

An der Wut der Alten in einer Seitenstraße spüre ich, wie unpopulär die US-Soldaten werden. Wie viele andere in dem Viertel sind auch sie arbeitslos und erhalten seit Februar keine Pensionen mehr. Mit Gerüchten lassen sich diese Männer nicht abspeisen. Sie glauben auch nicht den Berichten, kuwaitische Agenten seien für die Plünderungen verantwortlich. «Ich bin sicher, das sind bestimmte Leute, die plündern. Einige von ihnen wollen Bagdad zerstören, nachdem die US-Truppen das Land befreit haben.» Badr Latif wehrt sich gegen meine Vermutung, die Menschen aus seinem Viertel seien für die Probleme verantwortlich. Aber er will keine Details nennen. Ein Jüngerer mischt sich in das Gespräch ein. «Es ist doch klar, dass es Chaos gibt, wenn eine Regierung gestürzt wird. Das passiert auch bei einer Besetzung.» Aber der 26-jährige Mahmoud Shakir erhebt einen schweren Vorwurf: «Doch warum schützen die Amerikaner das Ölministerium und lassen die anderen unbewacht. Das machen sie doch nur, damit alles durcheinander gerät und sie hier lange bleiben können. Sie wollen eine Situation schaffen, in der wir sie brauchen.»

Aus diesem Stadtteil, so erklärt er weiter, würden künftig keine Plünderer mehr kommen, dafür würden die islamischen Komitees Sorge tragen. Viele bereuten ihre Taten bereits und würden Beutegüter in den Moscheen abliefern, meint Saad Majid. Verstärkt würden die Bewohner des Viertels die Fatwas der religiösen Würdenträger befolgen. Majid geht noch einen Schritt weiter als die anderen: «Die Fedajin Saddams sind für die Plündereien verantwortlich. Sie haben den Auftrag, verbrannte Erde zu hinterlassen. Sie wollen Chaos stiften, damit die Menschen in Zukunft Saddam nachtrauern.» Saad Majid fordert mich auf, das Kinderkrankenhaus zu besuchen. Dort würden zehn arabische Fedajin festgehalten, die Plünderungen inszeniert und sogar gemordet hätten. Auf der Straße glaube ich ihm nicht, am Nachmittag fährt Hosam Taher noch einmal in das Viertel zurück und bestätigt anschließend, dass einige Kämpfer Saddams tatsächlich von Schiiten-Komitees gefangen gehalten werden. Statt des Kinderkrankenhauses besuche ich in einer der schmalen Gassen des Viertels die Tagesklinik der deutschen Hilfsorganisation «Architekten für Menschen in Not». Die Schlange der Hilfesuchenden reicht bis auf die Straße. Bewaffnete kontrollieren den Eingang. Junge Männer mit Kalaschnikow-Gewehren sind mittlerweile eine Art Statussymbol für öffentliche Einrichtungen und ein Zeichen, dass man ernsthaft arbeiten will. Bei möglichen Plünderern sollen erst gar keine Begehrlichkeiten geweckt werden.

Im Vorhof der Klinik, die im Erdgeschoss eines kleinen Hauses eingerichtet wurde, schreien Kinder. An der Gartenmauer hängt eine Flasche mit Fusionslösung für einen Tropf. Ein Elfjähriger liegt auf der Gartenbank. Er hat Durchfall und hätte ohne Versorgung wohl kaum eine Chance zu überleben, denn wegen der schlechten Nahrung fehlen ihm die Abwehrkräfte. Der Vater macht das schlechte Wasser für die Krankheit verantwortlich. Die meisten Patienten werden zum Arzt vorgelassen. In diesem Zimmer für ambulante Behandlungen haben gerade zwei Tische Platz. Die einfachen Fälle werden von den Krankenpflegern im Hof mit Medikamenten versorgt und wieder nach Hause geschickt.

«Jeden Tag kommen mehr Patienten», sagt der junge irakische Arzt zufrieden. Doch dann fügt er hinzu: «In drei Tagen dürften die Vorräte bei den ersten Medikamenten aufgebraucht sein.» Viele der Patienten lassen sich bei der deutschen Hilfsorganisation behandeln, weil den von der Geistlichkeit kontrollierten staatlichen Krankenhäusern die Medizin längst ausgegangen ist oder von Plünderern geraubt wurde.

Schon während der Herrschaft Saddam Husseins war die öffentliche medizinische Versorgung im Viertel ungenügend, in diesen Tagen bricht sie zusammen, ohne dass die US-Truppen für Nachschub sorgen. So wächst der Unmut der Menschen über die ungelösten Probleme. Auch im Krankenhaus des sunnitischen Mansour-Viertels fehlen Medikamente. Iman Tarek al-Juburi, eine leitende Ärztin, sieht die Entwicklung mit gemischten Gefühlen. Einerseits hofft sie, dass die US-Truppen die Lage stabilisieren können, anderseits sieht sie das Risiko einer Zusammenarbeit mit den Besatzern: «Wenn irgendetwas schief geht, dann müssen die Soldaten mit Rache und Widerstand rechnen. Jede Familie hat Angehörige verloren oder sie wurden verwundet. Die Menschen empfinden Schmerz. Die Amerikaner müssen dafür sorgen, dass die Iraker sich sicher fühlen, und sie mit allem versorgen, was sie brauchen. Nur dann können sie ihren Hass überwinden.»

Bei der Rückkehr ins Hotel müssen wir uns den Weg durch eine aufgebrachte Menschenmenge bahnen. Nationalisten protestieren gegen die Anwesenheit der US-Truppen, und Schiiten machen gegen die von den Amerikanern eingesetzten Politiker mobil. Für mich ist bedrückend, dass die kommandierenden US-Offiziere in ihrer Selbstzufriedenheit das Ausmaß der zu lösenden Probleme nicht erkennen, vielleicht gar nicht erkennen wollen.

Ein ungutes Gefühl beschleicht mich. Die Besatzungstruppen sind überfordert. Sie haben einen glänzenden militärischen Triumph errungen, aber sie erweisen sich nun als unfähig, die politischen und sozialen Alltagsprobleme Iraks auch nur im Ansatz zu lösen. So beende ich etwas niedergeschlagen eine Woche nach dem Sturz Saddam Husseins meinen Bericht im «Heute Journal» mit den Worten: «Den USA bleibt nicht viel Zeit. Wenn es nicht schnell gelingt, die Iraker für den Aufbau einer neuen Verwaltung zu gewinnen, müssen die Soldaten mit bewaffnetem Widerstand gegen ihre Anwesenheit rechnen.»

Saddam entkommt

Für die Schiiten entpuppt sich das Machtvakuum als die Gelegenheit, auf die sie seit Jahrzehnten gewartet haben. Vor Ort bilden sie Komitees, um die Alltagsversorgung der Bevölkerung sicherzustellen. Innerhalb von Tagen entstehen im Südirak und in den Schiitenvierteln Bagdads neue Strukturen. Geistliche, die sich jahrelang zurückgehalten haben, werden als neue politisch-religiöse Leitfiguren akzeptiert. Ich bin immer wieder überrascht, mit welcher Geschwindigkeit die Fatwas der Rechtsgelehrten aus Nadschaf verbreitet werden. Mit ihrer Ablehnung von Plünderungen und den Aufforderungen, Beutegut in den Moscheen abzugeben, leisten die Rechtsgelehrten einen wichtigen Beitrag zur Beruhigung der Situation. Es dauert nur wenige Tage, bis sich die Schiiten in ganz Irak neu organisiert haben. Von der Militärverwaltung wird diese Entwicklung nicht wahrgenommen. Man wertet die Entspannung der Lage als Erfolg einer verstärkten Truppenpräsenz.

Eine gefährliche Fehleinschätzung, wie sich schnell erweisen sollte, denn bei den Sunniten stoßen die US-Truppen auf immer größere Ablehnung. Anders als die Kurden und die Schiiten fühlen sich die Sunniten durch die Amerikaner keineswegs befreit. Es sind vor allem ehemalige Beamte und Mitglieder der Streitkräfte und Geheimdienste, die um ihre Privilegien fürchten. Sie beobachten mit Unmut, dass die Kurden von ihrer Zusammenarbeit mit den amerikanischen Streitkräften profitieren und dass sich die Schiiten selbständig formieren. Immer wieder sind es Sunniten unter meinen Bekannten, die gegen die US-Truppen agitieren. Zuerst dienen die Plünderungen, später fehlender Strom als Aufhänger für Kritik. Gerade ehemalige Beamte werden zunehmend nervös, weil sie persönlich verelenden und eine mögliche Säuberungswelle in den Ministerien fürchten.

Gleichzeitig ist zu spüren, dass sich die alten Kader Saddam Husseins reorganisieren. Fast alle Entscheidungsträger haben überlebt. Bei den Kämpfen im Südirak oder den Gefechten am Flughafen wurde das Fußvolk geopfert, das Offizierskorps und nahezu alle Geheimdienstmitarbeiter leben weiter in Bagdad oder sind zu ihren Stämmen vor allem im Nordwesten des Landes geflüchtet.

Für sie hat die Meldung «Saddam lebt» weitreichende Bedeutung.

Tatsächlich gibt es keine Zweifel, dass sich Saddam Hussein, seine beiden Söhne und die Spitzenfunktionäre des Regimes in den

Untergrund zurückgezogen haben. Während US-Politiker spekulieren, ob Saddam Hussein beim Bombenangriff am 7. April getötet wurde oder doch überlebt hat, wissen die Parteimitglieder, dass ihrem Chef die Flucht geglückt ist. Nach dem gescheiterten Angriff auf den geheimen Sitzungsort der Führung im Mansour-Viertel zieht sich Saddam Hussein in ein nur wenige Straßen entfernt liegendes Haus zurück. Nur wenige Vertraute kennen den Schlupfwinkel. Selbst Saddams ältester Sohn Udai kann nur ahnen, wo sich sein Vater befindet.

Der schnelle Einmarsch der US-Truppen nach Bagdad hat die gesamte Führung überrascht. Udais Pfleger, Tomatau Joukhama, begleitet den Präsidentensohn am 10. April auf der Suche nach seinem Vater. Zusammen mit einem Leibwächter fahren sie gut vier Stunden kreuz und quer durch Bagdad, um Saddam Hussein in verschiedenen Schlupfwinkeln ausfindig zu machen. Immer wieder passieren sie Stellungen der US-Truppen. Udai sei nicht einmal nervös gewesen, erinnert sich Tomatau. Es habe ihn aber zunehmend beunruhigt, dass er seinen Vater nicht finden konnte. Auch Kommandeure der Fedajin und andere Vertraute können nicht weiterhelfen. Doch schließlich spüren die drei Saddam Hussein doch noch auf. Während Tomatau Joukhama im Auto wartet, berät Udai mit seinem Vater und seinem Bruder Kusai die Lage.

Bei diesem Treffen dürfte Saddam Husseins Entscheidung gefallen sein, seinen Schlupfwinkel noch am Abend des 10. April zu verlassen und in den Untergrund zu gehen. Udai richtet dem langjährigen Mitarbeiter der Familie letzte Grüße des Vaters aus und fährt mit seinem eigenen Wagen davon. Auch Kusai hat ein eigenes Fahrzeug und verschwindet mit seinem Schwager. Saddam Hussein nutzt erneut einen weißen Mercedes, wahrscheinlich denselben, mit dem er auch kurz vor dem Bombeneinschlag drei Tage zuvor davonfuhr. Saad Al Falahi, der in der Nachbarschaft von Saddam Husseins Versteck lebt, hat den gestürzten Diktator bei dessen Abreise beobachtet: «Am letzten Tag, als Saddam hier war, hatten die meisten Nachbarn ihre Häuser verlassen, weil die Flugzeuge niedrig flogen und alle dachten, die USA würden den Unterschlupf kennen. Dieser Tag war der 10. April. An diesem Tag ist Saddam weggefahren.»

Von diesem Moment an ist der Kontakt zwischen Tomatau Joukhama und Udai Hussein abgebrochen. In zwei Gesprächen hat Tomatau seine Einschätzung wiederholt, dass die drei Husseins seither eine geheime Infrastruktur nutzen, die sie schon lange vor Beginn des Krieges für das Leben im Untergrund aufgebaut haben.

Diese Auffassung wird auch vom ehemaligen Informationsminister Mohammad al-Sahaf geteilt, der seit Juli 2003 im Exil in den Vereinigten Arabischen Emiraten lebt. Auch Tonband-Botschaften an seine Anhänger, wie sie arabischen Fernsehsendern zugespielt wurden, deuten darauf hin, dass es Saddam Hussein gelungen ist, Untergrundstrukturen zu aktivieren. Die totale Niederlage und der schnelle Kollaps des Systems kommen Saddam Hussein in dieser Situation zugute, da fast alle Mitarbeiter und Geheimdienstkader den Krieg überlebt haben. So dürfte Saddam Hussein verschiedenste Mitarbeiter seiner Geheimdienste einsetzen können. Selbst einfache Beamte scheuen die Zusammenarbeit mit der US-Zivilverwaltung, weil sie Racheaktionen alter Funktionäre fürchten.

Mehrfach versichern mir Bekannte, es sei nicht Loyalität, die zu einer Art Boykotthaltung bei ehemaligen Beamten führe, sondern nackte Existenzangst. Mit einer Vielzahl von Gerüchten wird diese Angst geschürt. Anhänger von Saddam Hussein setzen alles daran, die Niederlage mit Dolchstoß-Legenden zu kaschieren. In einer der am meisten verbreiteten Geschichten wird behauptet, es sei dem US-Geheimdienst CIA gelungen, Geheimdienstchef Tahir Jalil Habush und den Kommandeur der Republikanischen Garden zur Zusammenarbeit und zum Verrat an Saddam Hussein zu gewinnen. Als Gegenleistung hätten beide 2,5 Millionen Dollar und das Versprechen erhalten, dass ihnen und ihren Familien beim Aufbau einer neuen Existenz in den USA geholfen würde. Trotz des Verrats sei es den irakischen Streitkräften geglückt, den US-Truppen am Flughafen eine Niederlage zuzufügen. Allein in einem einzigen Gefecht seien 400 US-Soldaten getötet worden. Irakischen Kommandos sei es gelungen, am 5. April durch ein Tunnelsystem auf das Flughafengelände zurückzukehren, dort hätten sie die gegnerischen Truppen überrascht. Die US-Armee sei nur durch den Einsatz geheimer Kampfmittel in der Lage, die irakischen Angreifer auszuschalten. Nicht nur im Irak, sondern in der gesamten arabischen Welt verbreiten Anhänger von Saddam Hussein seither, dass die US-Luftwaffe eine Art Mikrowellen-Bombe eingesetzt habe, die die Muskelmasse der Opfer zerfallen lasse.

Mit solchen Propagandameldungen gelingt es Anhängern des alten Regimes immer wieder, Sympathisanten für einen Kampf gegen die US-Truppen zu gewinnen. Das Auftreten von Saddam Husseins Agenten erfolgt höchst verdeckt. Bei Recherchen über die Kämpfe am Flughafen hörte ich, ein Offizier soll dort verletzt worden sein. Nach mehreren Anläufen kam ein Treffen zustande. Immer wieder beschuldigte der Mann die US-Truppen, verbotene Waffen eingesetzt zu haben, so am 27. März in einem nördlichen Vorort von Bagdad. Auf mein Angebot, dort Bodenproben zu nehmen und diese dann in Deutschland untersuchen zu lassen, reagierte der vermeintliche Offizier mit offensichtlich gespielter Bereitschaft, mir den Einsatzort zu zeigen. Es kommt jedoch weder zu einer Terminvereinbarung noch zu einer weiteren Kontaktaufnahme. Ein Kollege aus dem irakischen Team vermutet sofort, dass es sich um einen Geheimdienstmann handele, dessen Aufgabe es sei, gegen die US-Truppen zu agitieren.

Saddam Hussein wird versuchen, alte Strukturen so lange wie möglich zu aktivieren. Für ihn steht nicht ein Erfolg im Kampf gegen die US-Truppen im Vordergrund, sondern das eigene Überleben. Der Ex-Diktator wird versuchen, den Zerfall seines Geheimapparates so lange aufzuhalten, bis sein Verschwinden abgesichert ist. Sein Tod oder seine Verhaftung werden den politischen Neuanfang im Irak erleichtern.

Der Guerillakrieg

«Bitte vermeiden Sie es, ihre Wohnungen nach dem Abendgebet und vor dem Ruf zum Morgengebet zu verlassen. In dieser Zeit sind mit dem alten Regime verbundene Terroristen und Kriminelle unterwegs und starten feindliche Aktionen.» Mit diesen Worten beginnt ein Flugblatt, das mir ein US-Soldat in der Sadounstraße in die Hand drückt. Spezialisten werden darin aufgefordert, sich zu melden, um Sicherheit und Ordnung wiederherzustellen. Man braucht vor allem Ärzte, Feuerwehrleute und Polizisten.

Nicht nur die Soldaten, die eine Woche nach dem Sturz Saddam Husseins die Flugblätter verteilen, wirken unsicher, auch die neue Zivilverwaltung unter Jay Garner handelt kopflos. Einerseits sucht sie Spezialisten für den Wiederaufbau der Versorgungssysteme, andererseits will sie die Verantwortung für die Lösung dieser Aufgabe aber nicht den Irakern übertragen. Garner möchte Vertreter des alten Regimes isolieren, gleichzeitig jedoch Mitglieder ebendieses Regimes für eine Zusammenarbeit gewinnen. Wertvolle Tage verstreichen, weil die Besatzungsmacht nicht genau weiß, was sie will.

In den Straßen wird die Kritik an den Besatzern lauter. «Die fuchteln doch nur mit ihren Gewehren rum», nörgelt ein Geldtauscher namens Ahmad, «schaffen es aber nicht, den Strom wieder anzuschalten.» Innerhalb von Tagen verfliegen die Hoffnungen auf eine Wende zum Besseren. Den Besatzern gelingt es nicht, für Aufbruchsstimmung zu sorgen. Noch schlimmer: Die Iraker fühlen sich zurückgestoßen, in ihrem Stolz verletzt. «Im Krieg 1991 wurde viel mehr zerstört als heute, aber es hat nur Wochen gedauert, die Schäden zu beseitigen. Jetzt funktioniert nichts, die Lage verschlechtert sich von Tag zu Tag», klagt Karim al-Rawi. Seit Februar hat der Ingenieur kein Gehalt mehr bekommen. Karim hat keine Zweifel, dass die US-Truppen an allem die Schuld tragen. Wie er glauben immer weniger, dass die Soldaten gute Absichten verfolgen.

Iraker fühlen sich verhöhnt, wenn sie in dem Flugblatt der Amerikaner lesen: «Wir sind uns bewusst, dass wir als Gäste in Ihrem

Land sind, und wir bemühen uns, Ihr Vertrauen zu behalten.» Vertrauen haben die Soldaten oft gar nicht erst gewonnen, oder sie sind gerade im Begriff, es zu verspielen.

Diese Atmosphäre gibt den Gegnern der US-Streitkräfte Auftrieb – vor allem unter den Sunniten. Nationalisten, sunnitische Fundamentalisten und Anhänger des alten Regimes machen mobil. Besonders aggressiv ist die Stimmung in Aadhemijah. Acht Tage nach dem Sturz Saddam Husseins gehe ich durch die Einkaufstraße dieses Stadtteils im Norden Bagdads. US-Soldaten sind nicht zu sehen. Zwei Patrouillen fahren am Nachmittag im Schritttempo durch die Straßen. «Auch wenn sie halten, in unsere Geschäfte kommen sie nicht», erzählt mir ein Supermarktbesitzer voller Stolz. Wenn sich Patrouillen nähern, lacht niemand mehr. Passanten wenden sich ab, und Mütter nehmen ihre Kinder auf den Arm.

Auch wenn ein oder zwei irakische Polizeiwagen die US-Patrouillen begleiten, bleibt die Stimmung angespannt. Es gelingt den Soldaten nicht, in den Sunniten-Vierteln die Mauer des Schweigens zu durchbrechen und das Misstrauen abzubauen. Es ist die Distanz zu den Besatzern, die die ersten Wochen nach dem Sturz Saddam Husseins kennzeichnet. Jetzt gilt es abzuwarten: Vor allem Soldaten und die Angestellten in den Ministerien hegen im Stillen noch die Hoffnung, auch unter amerikanischer Kontrolle weiterarbeiten zu dürfen.

Diese Haltung ändert sich schlagartig, als Paul Bremer am 12. Mai sein Amt als Chef des Amtes für Wiederaufbau und humanitäre Hilfe im Irak antritt. Überstürzt hatte ihn das Weiße Haus nach Bagdad gesandt, weil man einen Zusammenbruch der zivilen Ordnung in Bagdad fürchtete. Obwohl er weiß, dass Vorgänger Garner vor allem ungelöste Probleme hinterlässt, gibt sich Bremer optimistisch: «Das ist kein Land in Anarchie. Die Menschen gehen ihren Geschäften nach, sie gehen ihrem Leben nach», erklärt er auf seiner ersten Pressekonferenz in Bagdad. Diese falsche Einschätzung der Lage dürfte ihn zu einem gewagten Schritt verleitet haben.

Am 24. Mai löst Bremer die irakische Armee und die Geheimdienste auf. Auch 5000 Mitarbeiter des Informationsministeriums werden entlassen. Die Anordnung löst Empörung aus, weil die rund fünfhunderttausend Betroffenen keine angemessene Abfindung erhalten sollen. Für viele ist gar nichts vorgesehen, andere erhalten eine Zahlung von 50 Dollar. Wenn man die Familien hinzuzählt, sind zwei Millionen Menschen von Einnahmeausfällen betroffen, die meisten davon in Bagdad.

Vor dem Hotel Palestine herrscht wieder Aufruhr. Soldaten, Polizisten und die ehemaligen Mitarbeiter des Informationsministeriums fordern auf Transparenten und mit Sprechchören ihre Wiedereinstellung sowie Lohn- und Gehaltszahlungen. Sie kündigen Racheaktionen an. Offiziere, die im Krieg nicht bereit waren, gegen die US-Armee zu kämpfen, drohen plötzlich mit Selbstmordanschlägen. Empört sind vor allem ehemalige Soldaten. Sie fühlen sich getäuscht, denn auf Flugblättern und in den über Rundfunk verbreiteten Aufrufen hatten die USA angekündigt, den Soldaten würde nichts passieren, wenn sie nicht kämpfen. Jetzt werden sie entlassen und stehen mittellos da.

Tausende marschieren durch die Straßen, lang gehegte Gefühle der Unsicherheit und Missachtung schlagen in offenen Hass gegen die Besatzer um. Statt Ruhe bringt die Auflösung der Armee zusätzliches Chaos. Dem Kommandeur der Bodentruppen im Irak, Generalleutnant David McKiernan, schwant Böses: «Eine große Zahl irakischer Soldaten ist jetzt arbeitslos. Das bereitet große Sorge nicht nur vom Sicherheitsstandpunkt aus, sondern auch unter dem Aspekt der wirtschaftlichen Lage.» In den Vierteln der Soldaten und Beamten herrscht eine explosive Stimmung: Die Sunniten machen offen Front gegen die Besatzer.

Offiziere ab dem Rang eines Hauptmanns erhalten weder Gehalt noch eine Abfindung oder andere Zahlungen. Sie sind derart aufgebracht, dass ich nicht vernünftig mit ihnen reden kann. Ich höre nur eine Flut von Beschuldigungen: von hungernden Kindern, von Betrug und immer wieder von Rache ist die Rede. Einfache Soldaten und Angestellte schwören, keine Abfindungszahlung annehmen zu wollen. Sie empfinden 50 Dollar als eine Beleidigung.

Nach Bremers Entscheidung, Armee, Geheimdienste und das Informationsministerium aufzulösen und diese Maßnahme nicht mit einem soliden Abfindungsprogramm zu flankieren, eskaliert der Widerstand gegen die US-Soldaten. Vor allem in den sunnitischen Städten am Euphrat häufen sich bewaffnete Angriffe. Über Wochen wird täglich im Durchschnitt mindestens ein Angehöriger der US-Streitkräfte getötet. Ein Netzwerk von Untergrundgruppen organisiert Anschläge. Dabei entwickelt sich Falludscha zum Zentrum des Widerstandes. Dort haben US-Truppen Ende April in eine Demonstrantenmenge gefeuert und zwölf Menschen getötet. Ein gefährliches Bündel von Motiven hält die unterschiedlichen Organisationen zusammen: Es reicht vom Wunsch nach Rache bis zum Ziel, ausländische Truppen zu vertreiben. Der Widerstand ist breit gefächert: In der «Partei der Rückkehr» (Hizb al-Awda) organisieren sich die Anhänger Saddam Husseins, in den «Vergeltungsbrigaden» (Wahadat al-Tali'a) sammeln sich vor allem ehemalige Fedajin Saddam, und in der Gruppe «Partisanen des Islam» (Ansar al-Islam) kämpfen sunnitische Fundamentalisten. Sie alle eint das Ziel, die US-Soldaten aus dem Irak zu vertreiben.

Sicherlich spielt bei Anschlägen die Finanzierung durch alte Kader eine wichtige Rolle, aber es ist falsch, diesen Kampf allein dem alten Regime anzulasten. Doch Paul Bremer macht Saddam Hussein persönlich für die Aktionen gegen die US-Armee verantwortlich. Weil es nicht gelungen sei, den früheren Staatschef festzunehmen, gebe es solche Schwierigkeiten, das Land zu kontrollieren. «Es ist wichtig, dass wir ihn ergreifen oder töten», erklärte Bremer, denn die Furcht vor Saddam Husseins Rückkehr an die Macht halte die Iraker von einer Zusammenarbeit mit den Alliierten ab.

Mit dieser Aussage beendet Bremer eine lange Phase der Spekulationen von US-Politikern über den gestürzten Diktator. Sie haben stets offen gelassen, ob Saddam Hussein bei den Angriffen getötet wurde. Dabei bestehen keine Zweifel, dass er den Krieg überlebt hat. Die Menschen im Irak gehen davon aus, dass sich Saddam Hussein noch im Lande aufhält. Über seinen Aufenthaltsort kann nur spekuliert werden. Doch ob er sich in Stammesgebieten im Nordwesten des Landes oder östlich von Bagdad oder in der Hauptstadt selbst versteckt, ist nicht entscheidend. Seine Anhänger haben gemeinsam mit den religiös motivierten Gegnern der US-Truppen eine neue Front gebildet – aus diesem Bündnis erwächst der US-Zivilverwaltung und den US-Militärs ein großes Problem.

Saddam Hussein nutzt die Gunst der Stunde. Auf einer Kassette, die dem Sender al-Dschasira zugespielt wird, soll er eine Botschaft an die Bevölkerung aufgenommen haben. «Ich bringe euch die gute Nachricht, dass Zellen des Widerstandes und des Heiligen Krieges in großem Ausmaß gebildet wurden und den Kampf gegen den Feind und die Besatzung aufgenommen haben. Ich zweifele nicht daran, dass ihr von den Operationen gehört habt und den Verlusten, die den Invasoren zugefügt wurden.» Bei den Sunniten kann Saddam Hussein eine zentrale Rolle im Widerstand beanspruchen. Dabei kommt ihm die Unfähigkeit der Zivilverwaltung zugute. Denn solange die wirtschaftlichen und sozialen Probleme nicht gelöst werden und die politische Entwicklung Iraks von den USA dominiert wird, erhalten die Untergrundzellen Schutz und Zulauf. Dabei beschränkt sich der bewaffnete Widerstand auf die von den Sunniten besiedelten Regionen – also nur auf einen kleinen Teil des irakischen Staatsgebietes – das «sunnitische Dreieck».

Um die Sunniten für eine Beteiligung an einem demokratischen Neuanfang im Irak zu gewinnen, wird die US-Zivilverwaltung großes Geschick benötigen. Die Sunniten haben die Schiiten, also die Mehrheit der irakischen Bevölkerung, über Jahrzehnte dominiert. Ihrem Kampf gegen die Amerikaner liegt auch der Versuch zugrunde, den Verlust von Macht und Einfluss abzuwenden.

Diese Probleme werden nach dem Sturz Saddam Husseins besonders deutlich. Als ab Juni im Nordwesten Iraks die Guerillaangriffe zunehmen, lässt Präsident Georg Bush keinen Zweifel, dass die USA nicht zurückweichen: «Wir werden ihnen mit direkter und entschlossener Macht entgegentreten.» Bush verzichtet darauf, das militärische Vorgehen mit der Ankündigung von Reformprogrammen und Hilfen für Irak zu verknüpfen. Doch mit einer weitgehend auf Militäraktionen beschränkten Strategie werden sich die Gegner der USA nicht davon abbringen lassen, Widerstandsgruppen zu bilden oder diese zu unterstützen. Je entschlossener die US-Truppen gegen feindliche Gruppen vorgehen, desto breiter und stärker dürfte der Widerstand in den Sunniten-Gebieten Nordwestiraks werden.

Politischer Neuanfang

Schon während der Vorbereitungen des Irak-Krieges war es den USA nicht gelungen, die Sunniten für einen Kampf gegen Saddam Hussein zu gewinnen. Der Kontakt mit einzelnen sunnitischen Exilpolitikern erwies sich als Fehlschlag, denn diese hatten im Irak wegen ihrer ehemals engen Zusammenarbeit mit dem Regime keinen Rückhalt. Zum Beispiel Wafigh al-Samurai: So nützlich sich die Kenntnisse und Beziehungen des ehemaligen Chefs des militärischen Geheimdienstes während des Krieges erwiesen haben dürften – beim politischen Neuanfang bedeutet die Zusammenarbeit mit ihm und ähnlichen Politikern eher eine Belastung.

Das Verhältnis zwischen den USA und kurdischen oder schiitischen Organisationen ist seit 1991 durch Spannungen und Rückschläge geprägt. Deshalb versucht die US-Regierung in der Folge systematisch amerikafreundliche Organisationen aufzubauen. Vor allem mit Unterstützung der CIA und des Pentagons gelingt es, den Irakischen Nationalkongress (INC) zu einer wichtigen Exilgruppe zu formen. Sein Vorsitzender ist Ahmad Chalabi, der seit 1992 im Londoner Exil auf den Sturz Saddam Husseins hinarbeitet. Bis 1996 wird der INC vor allem von der CIA finanziert. Doch als Zweifel am Finanzgebahren der Chalabi-Organisation auftauchen, stellt die CIA die Zahlungen ein.

Vor seiner Karriere als Oppositionspolitiker hatte Chalabi in den achtziger Jahren die Petrabank in Jordanien aufgebaut, die später zusammenbrach. Dort wurde er auch wegen betrügerischen Bankrotts in Abwesenheit zu 22 Jahren Gefängnis verurteilt. Chalabi bestreitet jede Schuld und sieht sich als Opfer einer irakisch-jordanischen Intrige. Saddam Hussein habe damals das Urteil erwirkt, um ihn als Oppositionellen zu diskreditieren. Mag das Strafmaß überhöht sein, so muss Chalabi damit leben, dass die jordanische Zentralbank nach dem Bankrott mit rund 300 Millionen Dollar Soforthilfe eingesprungen ist, um die Petrabank-Schulden zu begleichen. Auch als Oppositionspolitiker bleibt Chalabi seinem Ruf treu, finanziell nicht verlässlich zu sein. Mitte der neunziger Jahre unterhält er ein Büro in der von der Kurden-Opposition kontrollierten nordirakischen Stadt Arbil und hinterlässt dort 1996 mit seiner Gruppe mehrere Millionen Dollar Schulden.

Auch wenn Chalabi zu Beginn seiner Karriere als Oppositionspolitiker vor allem die Unterstützung der CIA genoss, gilt er in der Vorbereitungsphase des Krieges als Mann des Pentagons. Unermüdlich versucht er ein Bündnis der irakischen Oppositionsgruppen zu schmieden, um die Bildung einer Nachkriegsregierung vorzubereiten. Auf einer Konferenz im Dezember 2002 in London einigen sich die wichtigsten Oppositionsgruppen auf ein Konzept für den politischen Neuaufbau nach dem Sturz Saddam Husseins. Irak soll eine föderale und demokratische Staatsform erhalten. Innerhalb einer Übergangsperiode von höchstens zwei Jahren bis zu freien Wahlen sollen eine Nationalversammlung, ein Führungsrat und eine Übergangsregierung die Geschicke des Landes bestimmen. Alle bedeutenden Exilorganisationen und die Kurdenparteien nehmen an der Konferenz teil. Für die USA sind diese Oppositionstreffen deshalb so wichtig, weil die zentrale Forderung nach dem Sturz des Regimes auch als moralische Begründung für den Krieg genutzt werden kann. Dass die Oppositionsgruppen im Irak über ganz unterschiedlichen Einfluss verfügen, scheint in der Vorkriegsphase niemanden zu interessieren.

Nach dem Sturz Saddam Husseins erweist sich der politische Neubeginn als eine kaum lösbare Aufgabe. Ein erster Versuch scheitert bereits in der Woche nach der Eroberung Bagdads. Jay Garner organisiert im historischen Ur, nahe der südirakischen Stadt Nassirijah, eine Konferenz der Gegner Saddam Husseins, mit der ein politischer Neuanfang eingeläutet werden soll. Doch die Konferenz stößt auf Misstrauen. Die ehemaligen Oppositionellen argwöhnen, beim Treffen gehe es vor allem darum, Chalabi zum neuen Mann an der Spitze Iraks aufzubauen. Selbst die Kurdenorganisationen schicken nur drittrangige Vertreter, die wichtigsten Schiitenorganisationen boykottieren das Treffen. Ahmad Chalabi präsentiert sich an der Spitze seiner «Freien Irakischen Armee»: Diese 700 Mann starke Truppe ist mit Hilfe des Pentagons in Ungarn aufgebaut worden und sollte eigentlich den Kern neuer irakischer Sicherheitskräfte bilden. Doch in ihren grün gescheckten Kampfanzügen wirken Chalabis Leute wie Statisten einer Theateraufführung.

Nur mühsam gelingt es Jay Garner, das Scheitern der Konferenz zu kaschieren. Als er eine Woche später die Bildung einer irakischen Übergangsregierung ankündigt, geht er zu Chalabi auf Distanz: «Herr Chalabi ist ein netter Herr. Er ist nicht mein Kandidat, er ist auch nicht der Kandidat der Koalition.»

An Saddam Husseins Geburtstag, dem 28. April, unternimmt Garner einen neuen Anlauf zur Bildung der Übergangsregierung. 200 Gegner des gestürzten Präsidenten treffen sich in Bagdad. Diesmal nehmen Vertreter des Hohen Rates für die Islamische Revolution im Irak (SCIRI) teil. Noch wenige Tage zuvor hatte der SCIRI-Vorsitzende Ayatollah Mohammad Bakir al-Hakim eine US-Militärverwaltung abgelehnt und damit Zugeständnisse der US-Zivilverwaltung erzwungen. Hakim setzte darauf, dass sich Zivilverwalter Garner keinen Konfrontationskurs mit der wichtigen Schiitenorganisation leisten kann.

Bei zwei Interviews in Teheran habe ich Ayatollah Hakim im Herbst 2002 als einen pragmatischen und machtbewussten Politiker kennen gelernt. Vor der Kamera hielt er jede direkte Kritik an den USA zurück, da er genau wusste, dass Saddam Hussein nur durch Gewalt zu stürzen war. Gleichzeitig sah er schon damals die Schwierigkeiten beim Umgang mit den USA voraus. Einerseits ist die Schiitenopposition bei ihrem Kampf gegen das irakische Regime auf die Kooperation mit den USA angewiesen, andererseits will sie den Einfluss der USA im Irak so weit wie möglich beschränken. Auch die US-Verwalter sind auf die Schiitenorganisationen angewiesen. Gleichzeitig soll deren Rolle jedoch so klein wie möglich gehalten werden, um Iran daran zu hindern, Einfluss auf die Entwicklung im Irak zu nehmen.

Ohne dieses Zweckbündnis ist eine politische Neuordnung Iraks unmöglich. Wegen der bewaffneten Angriffe sunnitischer Kommandos auf die US-Soldaten hat die Bedeutung der Schiiten sogar noch zugenommen. Nicht nur SCIRI sondern auch die al-Dawa-Partei, die vor allem in den achtziger Jahren mit Waffengewalt gegen Saddam Husseins Regime kämpfte, sucht die Zusammenarbeit mit den US-Besatzern. Die Schiitenorganisationen wissen genau, dass die USA Gegenleistungen für den Sturz Saddam Husseins erwarten und erhalten müssen.

Ein Brüderpaar führt mir diesen Pragmatismus in beeindruckender Weise vor. Ich treffe Saeed und Ibrahim al-Quaisi in ihrem Elternhaus in einer schmalen Straße im Stadtzentrum von Bagdad. Nachdem Vater und Schwester 1980 hingerichtet worden waren, hatte ihre Mutter sie 23 Jahre lang in einem Dachgeschosszimmer versteckt, erst der Krieg brachte ihnen die Freiheit. Für sie sind die US-Soldaten Befreier und Besatzer zugleich. Mich beeindruckt die Nüchternheit, mit der die beiden die Rolle der USA beschreiben. Für Saeed steht außer Frage, dass die USA mit Öl abgefunden werden müssen. Auch Ibrahim sagt, es sei doch selbstverständlich, dass die USA eine Gegenleistung für ihren Einsatz erwarteten. Geht es nach den Brüdern, soll der Rückzug der US-Truppen aus dem Irak so schnell wie möglich, aber nicht überhastet erfolgen. Für sie ist der Kampf gegen Saddam Hussein noch nicht endgültig gewonnen. Aus Angst und Vorsicht haben die Brüder erst nach der Ankunft von Zivilverwalter Jay Garner in Bagdad ihr Versteck verlassen. Saeed kann nicht nachvollziehen, warum die Debatte über den Kriegsgrund weltweit wieder aufgebrochen ist, weil bis Anfang Juni keine Massenvernichtungswaffen im Irak gefunden wurden. «Viele sagen jetzt, der Krieg war nicht legal. Aber die Iraker halten diesen Krieg für richtig, weil Saddam Hussein selbst die Massenvernichtungswaffe ist.»

So zurückhaltend die Kritik vieler Schiiten an der Besatzung zunächst ausfällt: Eine Bevormundung lehnen sie strikt ab. Garners Nachfolger Bremer gelingt es wohl, den Kontakt zu den Schiitenorganisationen deutlich zu verbessern. Ihm fehlt aber die Unterstützung der Rechtsgelehrten der religiösen Hochschule von Nadschaf. Ayatollah Sistani hat in einem Gutachten bereits erklärt, es sei den USA nicht erlaubt, eine neue Verfassung für den Irak auszuarbeiten. Während der Herrschaft Saddam Husseins hatte Sistani sich stets nur verdeckt zu politischen Themen geäußert. Wenn er jetzt offene Worte findet, müssen die USA sie als deutliche Warnung verstehen, ihre auf Militärmacht beruhende Position nicht zu überziehen.

Auch Muqtada Sadr, der Sohn des 1999 ermordeten Ayatollah Mohammad Sadiq Sadr, hält Distanz zur US-Zivilverwaltung. In Sadr-City, dem ehemaligen Saddam City, hat der 30-Jährige seine meisten Anhänger. Rigoros versucht er die Ordnung wiederherzustellen. Seine bewaffneten Anhänger stoppten Plünderer und sicherten Teile des Schiitenviertels. Wegen seiner Radikalität sind die US-Besatzer ihm gegenüber besonders misstrauisch. Doch seit den gewaltigen Kundgebungen zu den Ashura-Feierlichkeiten in Kerbala am 22. April, als deutlich wurde, wie gut die Schiiten organisiert sind, wissen auch US-Politiker, dass der Irak ohne Zusammenarbeit mit den Schiitenorganisationen unregierbar sein wird.

Ahmad Chalabi, nominell ebenfalls ein Schiit, ist dabei kein geeigneter Kandidat, weil er unter seinen Glaubensbrüdern über fast keinen Einfluss verfügt. Ein weiterer Grund, weshalb die Zivilverwaltung eine gewisse Distanz zu Chalabi demonstriert und Anfang Juni sogar dessen Freie Irakische Armee entwaffnen lässt.

Bei den Sunniten kann sich der US-Verwalter nur auf Einzelpersönlichkeiten stützen. Von ihnen genießt der 80-jährige Adnan Pachachi den größten Respekt. 1965 bis 1967 war er irakischer Außenminister, doch seit der Machtergreifung der Baathisten lebte er in Dubai im Exil. Pachachi entstammt einer alten wohlhabenden Bürgerfamilie in Bagdad. Für die Amerikaner kein einfacher Partner, da er auf einem schnellen Aufbau neuer Institutionen und einem zügigen Abzug der US-Truppen beharrt. Mehrfach kündigt er an, dass er für eine Mitarbeit in Übergangsinstitutionen nicht mehr zur Verfügung stünde. Der am meisten respektierte Politiker unter den Sunniten zeigt also ganz offen seinen Ärger über die Unfähigkeit der zivilen US-Verwaltung, Institutionen einer irakischen Zivilgesellschaft zügig aufzubauen.

Trotzdem nimmt auch Adnan Pachachi die Berufung in den Regierungsrat an, der die Übergangsminister ernennen und das Budget 2004 verabschieden soll. Am 13. Juli treffen sich auf Einladung von US-Verwalter Bremer die 25 Gründungsmitglieder. Mit dreizehn Vertretern stellen die Schiiten die Mehrheit. Jeweils fünf Sunniten und Kurden und je ein Christ und ein Turkmene gehören dem Rat an. Praktisch handelt es sich um die Keimzelle einer neuen irakischen Regierung. Der Regierungsrat soll auch die Ausarbeitung einer neuen Verfassung vorbereiten. Damit erhalten die irakischen Politiker wesentlich mehr Befugnisse, als US-Zivilverwalter Bremer ihnen anfänglich übertragen wollte. Auch die Einbeziehung radikaler Schiiten deutet auf ein Einlenken der USA. Zwar haben die Amerikaner ein Vetorecht gegen die Entscheidungen des Rates, doch Bremer gibt den Mitgliedern die Zusicherung, von diesem Recht keinen Gebrauch machen zu wollen.

Dennoch ist die Autorität des Regierungsrates begrenzt, da es sich vor allem um Exilpolitiker handelt. Nur neun der 25 Mitglieder haben in dem von Saddam Hussein kontrollierten Teilen Iraks gelebt. Zudem wird der Aufbau von Verwaltungen und Behörden weiterhin von den US-Besatzern organisiert. Die Bildung des Rates ist trotzdem ein erster Schritt, den Irakern politische Macht zu übertragen. Die USA haben offenbar erkannt, dass sie allein den Aufbau einer Zivilgesellschaft nicht bewältigen können.

Fehlstart beim Wiederaufbau

Die Mitarbeiter des von der Regierung in Washington eingesetzten «Büros für Wiederaufbau und humanitäre Hilfe» erlebten nach ihrer Ankunft in Bagdad einen Schock: Statt funktionierender Ministerien fanden sie geplünderte und ausgebrannte Gebäude vor. Weil der Strom ausgefallen und das Telefonsystem zerstört war, konnten sie nicht einmal ehemalige Mitarbeiter zum Rapport bestellen. Jay Garner und seine Leute hatten sich den Start anders vorgestellt. Ihr Konzept, die Spitzenbeamten des gestürzten Regimes zu feuern, Leute aus der zweiten Reihe zu befördern und dann loszulegen, erwies sich als undurchführbar und naiv.

Dabei ruhen auf den Zivilverwaltern die übertriebenen Hoffnungen einer ganzen Nation. Die Notleidenden erwarten schnelle Hilfe von den US-Beamten. Ein Land, dessen Soldaten Saddams Armee in Rekordtempo überrennen, müsse auch schneller die Not lindern können als der Ex-Diktator, glauben dessen Untertanen.

Mich überrascht die Naivität, die diesen Erwartungen zugrunde liegt. Für Passanten auf der Straße ist es selbstverständlich, dass sie mich um das Satellitentelefon bitten, um Verwandte oder Bekannte im Ausland anzurufen. Seit dem Sturz Saddam Husseins gibt es keine Zurückhaltung mehr beim Umgang mit Ausländern. Jeder will alles jahrelang Versäumte nachholen und das möglichst schnell. Wenn Soldaten beim Plündern zuschauen und nicht einschreiten, wenn Ministerien in Brand gesteckt werden, sind Iraker zwar empört. Aber sie gehen davon aus, dass ohnehin alles abgerissen und neu aufgebaut wird. Schließlich hatten die Amerikaner ja auch in Kuweit in Rekordzeit eine völlig neue Infrastruktur geschaffen.

Die Ernüchterung ist brutal. Sowohl die eilig eingeflogenen Zivilverwalter als auch die Bevölkerung, die nach 25 Jahren Diktatur auf rasche Besserung hofft, erwarten viel zu viel. Im Rückblick überrascht es kaum, dass zunächst gar nichts geschieht. Selbst drei Wochen nach dem Sturz des Regimes werden nicht einmal die 33 Krankenhäuser Bagdads mit den nötigen Medikamenten versorgt. Die meisten erhalten weder Strom noch Wasser, die Schwestern und Ärzte haben seit zehn Wochen keine Gehälter mehr bekommen.

Wen diese Entwicklung überrascht, der hat die Probleme nach dem Einmarsch der Amerikaner nicht begriffen. Mir fallen die Worte von IKRK-Delegationsleiter Marcus Dolder wieder ein: «Im Moment besteht nur eine ziemlich vage Vorstellung, wer denn eigentlich hier zuständig ist. Das muss jetzt sehr schnell geklärt werden, sonst werden das politische Chaos und Gezänk die Lage schwierig und kompliziert machen.» Kurz vor seiner Abreise am 19. April erklärt mir Dolder: «Die Besatzer müssen jetzt schnell und klar eine Zivilverwaltung in dieser Stadt zum Funktionieren bringen.»

Genau das ist bis Ende April nicht geschehen. In diesen Tagen verspielen die US-Zivilverwalter die große Chance, Vertrauen zu schaffen und Freunde zu gewinnen. Oft werden die Soldaten kritisiert: Ihnen sei es nicht gelungen, die Herzen der Iraker – also der Besiegten – zu gewinnen. Das ist jedoch zu viel verlangt, denn die Kampfeinheiten stehen meist in den Positionen, die sie zum Ende der Kämpfe eingenommen hatten. Soldaten, die drei Wochen gekämpft und dabei Kameraden verloren haben, können nicht sofort eine Kampagne starten, um Zivilisten zu überzeugen, dass sie nicht als Besatzer, sondern als Befreier gekommen sind. Ich habe mehrfach erlebt, wie US-Soldaten bei Kontrollen den Irakern erklärten, sie seien als Befreier gekommen. Eine Antwort erhielten sie nicht, wohl aber Blicke, die Unverständnis oder Spott ausdrückten.

Weder im Weißen Haus noch im Pentagon war der Aufbau einer Zivilgesellschaft im Irak ernsthaft vorbereitet worden. Die USA erhalten jetzt die Quittung dafür, dass sie den Sturz Saddam Husseins auf ein militärisches Problem reduziert und darauf spekuliert haben, dass die irakische Bevölkerung sofort mit den Besatzern zusammenarbeiten würde.

Als Marcus Dolder erstmals andeutet, die US-Truppen seien nicht wirklich auf ihre Aufgaben im Nachkriegsirak vorbereitet, bin ich überrascht, denn ich halte das für undenkbar. Doch in einem Interview am 17. April redet der IKRK-Delegationsleiter Klartext: «Wir waren erstaunt über das vage Wissen der Militärs zum Beispiel über die Spitalversorgung, die Wasserversorgung, die Elektrizitätsversorgung dieser Stadt. Wir hätten gedacht, dass als Vorbereitung auch diese Aspekte genau studiert werden, weil ebendiese Strukturen notwendig sind, in der Stadt wieder einigermaßen normale Verhältnisse zu schaffen. Wir haben den US-Offizieren gestern ganz klar gesagt, dass es eine Illusion ist zu glauben, es sei möglich, sofort Medikamente und Instrumente in Spitälern zu verteilen. Die Grundbedingungen bestehen noch immer nicht, und die müssen jetzt augenblicklich geschaffen werden.»

Es wird noch Monate dauern, bis die Strom- und Wasserversorgung wieder gesichert ist. Selbst Saddam Husseins Regime hatte nach dem Krieg 1991 nur vierzig Tage benötigt, um die Grundversorgung trotz wesentlich größerer Zerstörungen wiederherzustellen. Jetzt nutzen Anhänger des alten Regimes die Chance, sich zu reorganisieren und erste Erfolge beim Wiederaufbau durch Sabotageaktionen zunichte zu machen.

Aber die Langsamkeit des Wiederaufbaus ist auch auf Geldmangel zurückzuführen. Während die US-Regierung monatlich vier Milliarden Dollar und damit nahezu doppelt so viel wie geplant für die Stationierung von 150 000 Soldaten aufwenden will, werden für den Aufbau der Zivilgesellschaft keine zusätzlichen Sondermittel bereitgestellt. Auch dies ist ein Indiz für das Primat militärischer über zivile Planungen.

Im Irak müssen die USA für ihre Fehler einen hohen Preis zahlen. Drei Monate nach dem Sturz Saddam Husseins räumt Oberbefehlshaber John Abizaid ein, was Verteidigungsminister Donald Rumsfeld zuvor stets abgestritten hatte: Mitglieder des früheren Regimes, so der General, führten einen «Feldzug nach klassischer Guerilla-Art gegen uns».

Kapitel 6

DER IRAK-KRIEG UND DIE FOLGEN

Mitte Juli drohen die Amerikaner die Kontrolle über das Land vollends zu verlieren: US-Soldaten werden praktisch im Zwei-Stunden-Takt angegriffen. Irakische Kommandos zünden versteckte Sprengsätze oder feuern aus dem Hinterhalt mit Panzerfäusten auf Militärkolonnen. Sogar Militärflugzeuge werden mit Boden-Luft-Raketen beschossen. Soldaten, die in Bagdad Streife gehen oder in Geschäften einkaufen, werden hinterrücks getötet. Es ist die wachsende Unzufriedenheit und Politisierung der Bevölkerung, die den Nährboden für bewaffnete Aktionen gegen die US-Truppen bildet. Dabei beschränkt sich der Widerstand nicht auf Übergriffe gegen amerikanische Soldaten – auch Iraker, die bereit sind, mit der Ziviladministration zusammenzuarbeiten, werden ermordet. Mehrere Mitarbeiter der Elektrizitätswerke, die Schäden an Umspannwerken und Leitungssystemen reparieren, um die Stromversorgung für Bagdad zu verbessern, sterben bei Terroranschlägen. US-Truppen und die Zivilverwaltung können offenbar die Sicherheit für die Bevölkerung nicht mehr garantieren.

Die Amerikaner sind überrascht, dass sich radikale nationalistische und religiöse Gruppen an den Widerstandsaktionen beteiligen – sie hatten Verzweiflungstaten von Anhängern Saddam Husseins erwartet. Noch am 1. Mai erklärte US-Präsident Bush: «Wir müssen im Irak eine schwierige Aufgabe lösen. Wir müssen Teile des Landes befrieden, die weiterhin gefährlich sind. Wir müssen die Führer des alten Regimes verfolgen und finden, um sie für ihre Verbrechen zur Rechenschaft zu ziehen.» Der Präsident scheint die künftigen militärischen Probleme unterschätzt zu haben.

Auch seine Aussagen zu den Massenvernichtungswaffen vom selben Tag sind zumindest irreführend: «Wir haben begonnen, nach den verborgenen chemischen und biologischen Waffen zu suchen, und wir kennen bereits Hunderte von Plätzen, die untersucht werden.» Bush strickt weiter an der Legende von den versteckten Waffen, deren Existenz für die USA und Großbritannien offiziell der Hauptkriegsgrund war.

Doch bis heute haben Suchtrupps der Streitkräfte nicht einmal Spuren solcher Waffen entdeckt. General James Conway, Kommandeur der Marineinfanteristen im Irak, hatte offenbar fest damit gerechnet, die irakischen Einheiten würden chemische und biologische Waffen einsetzen. Diese Einschätzung, die auf US-Geheimdienstinformationen basiert habe, bezeichnet Conway in der Stadt Hillah als «einfach falsch». «Es bleibt eine Überraschung, dass wir keine Waffen entdeckt haben», meint der General. Man habe sich große Mühe gegeben, die Waffen zu finden: «Glauben sie mir, es liegt nicht daran, dass wir es nicht versuchen würden. Wir sind zwischen der kuwaitischen Grenze und Bagdad durch nahezu jedes Munitionsdepot gegangen. Aber sie sind einfach nicht da.» Von «Geheimdienstfehlern» mag der General vor Abschluss der Untersuchungen noch nicht sprechen.

Den Unmovic-Teams war es während ihrer viermonatigen Untersuchungen im Irak ebenfalls nicht gelungen, verbotene Waffen oder auch nur Hinweise auf deren Verstecke zu finden. Auch irakische Politiker hatten immer wieder behauptet, das Land besitze keine Massenvernichtungswaffen mehr. Mitglieder der UN-Teams äußerten hinter vorgehaltener Hand Zweifel an den irakischen Behauptungen. Zudem ließen die Waffeninspekteure Hans Blix und Mohammed al-Baradei in ihren Berichten an den Weltsicherheitsrat großen Raum für Spekulationen.

Während meiner Arbeit in Bagdad hatte ich den Eindruck gewonnen, Saddam Hussein könnte sehr wohl Restmengen chemischer Waffen versteckt halten – insbesondere die Angst irakischer Offizieller vor einem Chemiekrieg bestärkte meine Vermutungen.

Am 12. April, drei Tage nach dem Sturz Saddam Husseins, kommen mir jedoch gewaltige Zweifel. Helma al-Saadi, die deutsche Ehefrau des irakischen Abrüstungsbeauftragten Amer al-Saadi, bittet mich, ihren Mann zu begleiten, wenn er sich den US-Truppen stellt. Das Ehepaar hatte in einer Sendung der BBC erfahren, dass al-Saadi auf der Fahndungsliste steht. «Mein Mann will sich stellen, weil er sich nichts hat zuschulden kommen lassen», begründet Helma al-Saadi den Entschluss. «Wir wollen nicht, dass er mit Handfesseln abgeführt wird, und wir wollen auch, dass jeder weiß, dass er sich gestellt hat.» Deshalb die Bitte an das ZDF-Team, Aufnahmen zu machen.

Wir fahren sofort in den Stadtteil al-Harthie, Bürgerwehren kontrollieren die Zugangsstraßen, um Plünderer abzuhalten. Das Ehepaar al-Saadi wohnt in einem neuen Haus mit einem gepflegten Garten. Gartenarbeit sei ihr Hobby, meint Helma und bittet mich herein. Amer al-Saadi tritt mir entgegen, eine Spur unsicherer als bei seinen Auftritten vor der Weltpresse. Doch der General, der Iraks Verhandlungen mit den UN-Waffeninspekteuren führte, hat präzise Vorstellungen davon, was an diesem Tag geschehen soll. Noch am Nachmittag will er sich den US-Truppen stellen. Vorher ist er zu einem kurzen Interview bereit.

Meine erste Frage löst sichtbare Verärgerung aus. Sein Nachfolger auf der großen Bühne der Pressekonferenzen sei Informationsminister Sahaf gewesen – ob al-Saadi auch so gelogen habe wie Sahaf, möchte ich wissen.

«Sie haben sicher gemerkt, dass ich nicht mehr auf Pressekonferenzen aufgetreten bin, nachdem klar war, dass der Krieg kommt. Als das Ultimatum lief und alle Versuche, das Problem durch die UN zu lösen, gescheitert waren, weil sich die USA und Großbritannien zum Krieg entschlossen hatten – da war meine Arbeit vorbei.»

Al-Saadi redet leise und vorsichtig. In den achtziger Jahren war es seine Aufgabe gewesen, die großen Rüstungsprogramme zu planen. Weil er im Raketenbau so erfolgreich war, übertrug Saddam Hussein ihm zusätzlich die Leitung der chemischen und biologischen Programme. «Ich kenne die Programme der Massenvernichtungswaffen und habe immer die Wahrheit über die alten Programme gesagt. Und zwar ausschließlich die Wahrheit. Sie werden sehen, die Zeit wird es erweisen: Auch nach dem Ende des Krieges wird nichts anderes herauskommen.» Mich überraschen seine deutlichen Worte. Er könne doch gar nicht wissen, ob nicht doch Reste biologischer oder chemischer Waffen versteckt seien, wende ich ein.

Al-Saadi beharrt auf seinem Standpunkt. Die biologischen Kampfstoffe, erklärt er, seien nur zwei Jahre einsatzbereit und bereits Anfang der neunziger Jahre vernichtet worden. Im Übrigen müssten die USA genaue Informationen darüber besitzen, denn schließlich hätten US-Firmen die Anthrax-Stämme geliefert. Gerade im Bereich der biologischen Waffen sei der Fall also eindeutig. Daran habe jedoch die deutsche Waffeninspektorin Gabriele Kraatz-Wadsack aber Zweifel, entgegne ich. Nun zeigt al-Saadi alten Kampfgeist: Die deutsche Mikrobiologin wolle sich nur bei der Presse wichtig tun.

Warum der Irak denn erst Anfang März aufgedeckt habe, wo die biologischen Waffen vernichtet worden seien, will ich weiter wissen. Wieder sein Lachen: «Das ist doch nichts Neues. Unscom hat das Gelände bereits in den neunziger Jahren untersucht und den Fall abgeschlossen.»

Mit Detailwissen pariert al-Saadi jeden Konter. Seine Worte sind wohl überlegt. Ich erinnere mich noch genau, wie er am 2. März auf einer Pressekonferenz Einzelheiten über die Vernichtung der biologischen Waffen bekannt gegeben hat. Damals kein Wort, dass Unscom an gleicher Stelle schon Untersuchungen durchgeführt hatte.

Al-Saadi inszenierte die angeblichen Abrüstungsbemühungen, weil der Irak nichts anzubieten hatte, so scheint es mir im Nachhinein. Denn bei seinem Auftritt vor Anfang März hatte er fast flehentlich erklärt: «Sollte es Krieg geben, obwohl der Irak keinen schwerwiegenden Bruch der Resolutionen begeht, so findet er statt, obwohl Irak alles unternommen hat, um abzurüsten.» Doch niemand glaubte ihm.

Auch nach dem Ende des Krieges bin ich unsicher, ob ich ihm glauben kann. Er spürt meine Zweifel: «Ich sage das jetzt für die Nachwelt und für die Geschichte, nicht um ein Regime zu verteidigen. Das ist die absolute Wahrheit. Und das waren meine Bedingungen. Es waren immer meine Bedingungen, genau zu sagen, was ich glaube und was ich weiß.» Und dann erklärt er: «Ich kenne die alten Programme. Und keiner hat sich eingemischt. Keiner hat mir erzählt, was ich sagen soll. Niemals.» Möglicherweise wisse er nichts von möglichen neuen Programmen, entgegne ich. Doch al-Saadi beharrt auf seinem Standpunkt.

Wie und wo er sich den US-Truppen stellen soll – darüber hat der General allerdings noch keine Vorstellungen. So vereinbaren wir, dass ich mit den Amerikanern im Hotel die Einzelheiten abspreche. Merkwürdigerweise wissen die Offiziere der Marines noch gar nicht, dass eine Fahndungsliste existiert. Olaf Nossen im Krisenraum beim ZDF, dem so genannten Cafe Bagdad, bestätigt die Existenz der Liste und auch, dass al-Saadi darin aufgeführt ist.

Selbst der «Warrant Officer», der Fahndungsoffizier, weiß nichts von einer Liste, ist jedoch bereit, al-Saadi auf dem Tigris-Deich in Empfang zu nehmen. Zurück im Hause, wartet Amer al-Saadi bereits auf der Terrasse. «Wir können fahren», sagt er zu meiner Überraschung. Wo denn sein Koffer sei, will ich wissen. Mich erstaunt, dass ihn die Frage überrascht. Schlafanzug und Zahnbürste würde ich an seiner Stelle schon mitnehmen, schiebe ich zur Erklärung nach. Weitere Ausführungen halte ich für unangebracht. Als al-Saadi drei Minuten später mit einer kleinen Sporttasche erscheint, ist klar: Er rechnet damit, von den US-Soldaten nur vorübergehend festgehalten zu werden. Auch glaube er nicht, dass man ihn nach Amerika bringt, sagt er, als wir im Wagen sitzen. «Wahrscheinlich nicht. Aber wie lange es dauern wird, weiß ich nicht. Es wird daran liegen, was sie vorhaben.»

Als wir über die Tigrisbrücke fahren und ich den vereinbarten Treffpunkt beschreibe, spüre ich so etwas wie Angst in den Augen al-Saadis. Womit er jetzt rechne, schließlich habe er doch einen hohen Rang im alten Regime bekleidet, frage ich ihn. Diesmal lacht er ungezwungen. Das sei nur ein Gerücht. Er sei weder Mitglied des Geheimdienstes noch der Partei gewesen. Bereits 1995 habe Saddam Hussein ihn aus dem Kabinett entlassen. Es sei nicht seine Tätigkeit in der Vergangenheit, die ihn belaste, sondern die Ungewissheit über die weitere Entwicklung.

Würden die Amerikaner sich rächen? Schließlich hatte er doch US-Außenminister Colin Powell einen Lügner genannt. Als ich ihn frage, ob er diese Aussage heute zurücknehmen würde, ist seine Antwort eindeutig: «Ich stehe zu jedem Wort, das ich gesagt habe.»

Offensichtlich bedrückt al-Saadi etwas anderes. Aus Andeutungen schließe ich, dass er Angst vor den Amerikanern hat, weil er zu viel über die Rolle der USA im Irak wissen könnte. Ob mir bekannt sei, dass man versucht habe, den Irak für die Anthrax-Briefe, die in den USA nach dem 11. September verschickt wurden, verantwortlich zu machen? Als ich verneine, erklärt er, zum Glück sei der Plan nicht aufgegangen, da einem UN-Inspektor aufgefallen sei, dass der Irak nicht diese, sondern nur ähnliche Anthrax-Stämme besessen habe. Offensichtlich fürchtet al-Saadi, Opfer eines Attentats oder eines Angriffs zu werden, da er zu viele Details der irakischen Rüstungsprogramme kennt und die Behauptungen der USA, Irak besitze Massenvernichtungswaffen, widerlegen könnte.

Auf der Uferstraße am Tigris warten die US-Soldaten an der vereinbarten Stelle. Sie begrüßen al-Saadi freundlich und bieten ihm an, dass ihn jemand begleitet. Doch er will allein gehen und verabschiedet sich von seinem Bruder und seiner Ehefrau Helma. Als der Humvee davonbraust, überrascht mich, dass al-Saadi auf dem Beifahrersitz Platz genommen hat und die Soldaten hinten sitzen.

Helma al-Saadi glaubt fest daran, dass ihr Mann bald freikommen wird, schließlich habe er sich nichts zuschulden kommen lassen. Der Bruder arbeitet im Ölministerium, ihn schienen meine Fragen sehr zu interessieren. Er habe, so erklärt er mir, mit dem Bruder noch lange diskutiert, während ich zu den Amerikanern gefahren sei. Doch auch in diesem Gespräch habe Amer darauf beharrt, dass es keine versteckten Massenvernichtungswaffen im Irak gebe.

Wenn Amer al-Saadi Recht hat: Warum ist es den irakischen Verantwortlichen nicht gelungen, die Inspektoren zu überzeugen, dass im Irak keine Massenvernichtungswaffen mehr existieren? Warum blieben viele Türen für die Inspektoren verschlossen, warum wurden Dokumente versteckt? Warum gab es immer wieder ungenaue Aufstellungen in den irakischen Waffenberichten an die UN-Abrüstungsteams?

Vieles spricht dafür, dass Saddam Hussein keinerlei Interesse daran hatte, vor aller Welt einräumen zu müssen, dass seine Armee abgerüstet war. Zu diesem Schritt, dem öffentlichen Eingeständnis des Scheiterns, war Saddam Hussein offenbar nicht bereit. Möglicherweise fürchtete er, Anhänger und Gegner könnten ihm Schwäche unterstellen, sollte er die Abrüstungsauflagen ohne Widerstand befolgen. Gerade der angebliche Besitz verbotener Waffen hatte ihm bei den Massen der arabischen Welt enormen Respekt verschafft. Und sie dienten nicht zuletzt der Abschreckung gegen innere oder äußere Feinde.

Vom Zürcher Kollegen Oswald Iten wusste ich, dass Adnan Rasool vor dem Krieg überzeugt war, Irak verfüge über chemische Waffen und werde sie im Kampf um Bagdad auch einsetzen. Ich treffe den Biologen in seinem Haus in Jadrijah. Zu meiner Überraschung glaubt Adnan jetzt, Saddam Hussein habe vor dem Angriff keine chemischen Waffen besessen. Er selbst sei, so sagt er, ein Opfer der Propaganda geworden. Rasool ist Experte für biologische Waffen. Genau wie seine 2001 verstorbene Ehefrau hat er in diesem Bereich geforscht. Anfang der neunziger Jahre stieg er aus, weil die

Programme beendet wurden. 1995 wollte ihn ein Minister erneut für die Waffenforschung gewinnen. Adnan lehnte ab und verlor daraufhin seine Stelle an der Universität. Seine Frau arbeitete jedoch in einem Projekt für biologische Waffen. Die Aufgabe des fünfköpfigen Teams war nicht die Herstellung dieser Waffen, sondern Grundlagenforschung, die für die Vorbereitung der Produktion notwendig ist. Wären die Sanktionen aufgehoben worden, hätte Saddam Hussein sehr schnell wieder Biowaffen herstellen können. Alle fünf Mitglieder der Forschungsgruppe starben an Leukämie, da sie auf dem Gelände der Atomreaktoranlage von al-Tweitha erheblichen Strahlungen ausgesetzt waren.

Möglicherweise haben andere Teams tatsächlich biologische oder chemische Waffen hergestellt. Es wäre voreilig, diese Möglichkeit auszuschließen. Monate nach dem Sturz Saddam Husseins ist es den Alliierten jedoch immer noch nicht gelungen, entsprechende Beweise vorzulegen. Hunderte von Spezialisten der Alliierten durchkämmen ganz Irak nach Waffenverstecken. Die britischen und amerikanischen Geheimdienste verhören rund um die Uhr irakische Wissenschaftler und Techniker, die an Rüstungsprogrammen beteiligt waren.

Die Behauptungen von Präsident Bush und Premierminister Blair, die Geheimdienste ihrer Länder verfügten über gesicherte Erkenntnisse, Saddam Hussein besitze Massenvernichtungswaffen, erweisen sich damit zumindest als Übertreibungen. Beide begründeten die Notwendigkeit des Angriffs damit, dass die Inspektoren nicht in der Lage seien, eine friedliche Entwaffnung Iraks zu erzwingen.

Jetzt, vier Monate später, stellt sich dringend die Frage, ob der Krieg auf Grund falscher oder gar gefälschter Informationen begonnen wurde. Haben beide Politiker die tatsächlichen Gefahren aufgebauscht, um die Öffentlichkeit zu täuschen?

In den USA werden die Vorwürfe der Opposition immer heftiger: Die Gefahr durch biologische und chemische Waffen sei genauso übertrieben worden wie Verbindungen des irakischen Regimes zur Terrororganisation al-Kaida. Verteidigungsminister

Rumsfeld wird sogar unterstellt, eine Geheimdienst-Abteilung im Pentagon eingerichtet zu haben, um CIA-Analysen politisieren zu können. Rumsfeld-Stellvertreter Paul Wolfowitz erklärt in einem Interview mit dem Magazin «Vanity Fair» Ende Mai, der Krieg sei aus «bürokratischen Gründen» mit einer Bedrohung durch Massenvernichtungswaffen begründet worden: «Das war der eine Grund, dem jeder zustimmen konnte.» Ein bedeutender Kriegsgrund habe in Wahrheit darin bestanden, dass mit dem Irak-Krieg die Präsenz von US-Truppen in Saudi-Arabien überflüssig geworden sei. Allein durch die Beseitigung der Stationierung, die eine Belastung für Saudi-Arabien darstelle, sei langfristig ein Friede im Nahen Osten zu sichern. Für Wolfowitz ist dieser Grund «fast unbeachtet, aber riesig».

Mit einem Sturm der Entrüstung reagieren Journalisten und Politiker in aller Welt auf die Äußerungen von Wolfowitz. Hier geht es ja nicht um ein beliebiges taktisches Argument: Mit der Existenz von Massenvernichtungswaffen und der von ihnen ausgehenden Bedrohung hat die «Koalition der Willigen» ihren Präventivkrieg begründet.

Präsident Bush erkennt die Gefahr für die eigene Glaubwürdigkeit und betont drei Tage später, es sei jetzt wichtiger, den Irak aufzubauen, als dort nach verbotenen Waffen zu suchen. Schließlich sei man im Irak fündig geworden: «Wir haben ein Waffensystem entdeckt – biologische Laboratorien, deren Existenz Irak bisher bestritten hat, und diese Laboratorien waren nach den UN-Resolutionen verboten.» Experten bestreiten allerdings, dass es den USA gelungen ist, diesen «rauchenden Colt» zu finden. Bei den Laboratorien handele es sich nicht um eine Produktionsstätte biologischer Waffen, auch wenn Fermentierkessel montiert seien.

Greg Thielmann, der bis September 2002 im Büro für Geheimdienste und Forschung des US-Außenministeriums tätig war, wirft der eigenen Regierung vor, Geheimdienstinformationen verzerrt und Vermutungen als erwiesene Tatsachen dargestellt zu haben. «Was mich bedrückt, sind die meiner Meinung nach unredlichen

Aussagen von ganz oben über das, was die Geheimdienste gesagt haben.» Thielmann selbst ist überrascht, dass im Irak auch acht Wochen nach dem Sturz Saddam Husseins keine chemischen oder biologischen Waffen gefunden wurden. «Wir scheinen uns geirrt zu haben.» Er ist überzeugt, die Regierung habe Informationen überbewertet. Die Beweislage sei viel dürftiger gewesen als von der Regierung vorgegeben: «Am weitesten ging die Verzerrung im Bereich der Atomwaffen.»

So hatte Bush am 28. Januar in seiner Rede «Zur Lage der Nation» behauptet, Saddam Hussein habe versucht, für sein Atomprogramm in Afrika Uran zu kaufen. Untersuchungen der Internationalen Atomenergie-Organisation (IAEO) ergaben jedoch, dass Dokumente über das Uran-Geschäft «nicht echt» sind.

Bush und Blair wiederholen gebetsmühlenartig, sie seien von der Existenz von Massenvernichtungswaffen im Irak überzeugt. Doch Blair weist bereits den Ausweg: «Lassen Sie uns nur eins sagen: Wenn wir falsch liegen, dann haben wir dennoch eine Bedrohung zerstört, die in jedem Fall für unmenschliche Massaker und Leiden verantwortlich war.» Auch in einem solchen Fall hält der britische Premierminister den Krieg für gerechtfertigt: «Ich bin davon überzeugt, dass die Geschichte uns vergeben wird.»

Mit dieser Bemerkung spielt Blair auf die ungeheuerlichen Verbrechen des irakischen Regimes an. Während die Koalitionssoldaten vergeblich nach Massenvernichtungswaffen suchen, werden im Irak Massengräber entdeckt. Im Südirak sind es Tausende von Leichen. Die Menschen wurden ermordet und in Massengräbern verscharrt, weil sie sich an Aufständen gegen die Zentralregierung beteiligt haben sollen. Die meisten dieser Verbrechen gegen die Menschlichkeit liegen zwölf Jahre zurück und wurden in den Tagen vor oder nach der Unterzeichnung des Waffenstillstandes zwischen Irak und den USA im Februar 1991 begangen.

Am Umgang mit den Beweisen über die Massenvernichtungswaffen lässt sich erkennen, dass Präsident Bush und Premierminister

Blair bewusst einen Krieg anstrebten. Das Ziel ihrer Inszenierung war nicht die Verhinderung des Krieges, sondern dessen Rechtfertigung. Geeint im Feldzug für eine bessere Welt, nutzten die beiden Politiker nicht die Möglichkeiten, mit denen der Sicherheitsrat die Entwaffnung des Iraks sicherstellen wollte.

Praktisch haben die USA durch ihren Alleingang die Staatengemeinschaft entmündigt und damit der Weiterentwicklung eines Friedenssicherungsrechts einen schweren Schlag versetzt. So wird die entscheidende Frage, ob es sich beim Irak-Krieg um einen völkerrechtswidrigen Angriffskrieg oder einen gerechtfertigten Präventivkrieg handelt, im Rahmen der Vereinten Nationen vorerst nicht beantwortet. Auch eine zweite Frage bleibt ungeklärt: War die Kriegführung dem offiziell angestrebten Ziel, nämlich der Entwaffnung Iraks, angemessen?

Drei Monate nach der Eroberung Bagdads gibt es immer noch keine verlässlichen Schätzungen über die zivilen Opfer des Krieges. Britische und amerikanische Friedensaktivisten haben die Organisation «Iraq Body Count» gebildet und werten weltweit unterschiedlichste Quellen aus. Danach gibt es bis zum 20. Juli 2003 Berichte über mindestens 6071 und höchstens 7780 tote Zivilisten. Bei diesen Zahlen dürfte es sich um Obergrenzen handeln, da man in einzelnen Fällen mit Mehrfachzählungen rechnen muss. «Iraq Body Count» kritisiert die USA und Großbritannien wegen ihrer Weigerung, auch nur eine Minimalschätzung über zivile Opfer vorzulegen und eine entsprechende Untersuchungsgruppe einzurichten.

Gleichwohl gab es im Krieg deutlich weniger Tote als befürchtet. Allerdings wurde der Tod von Zivilisten zumeist bewusst in Kauf genommen. General Michael Moseley, während des Krieges Kommandeur der Alliierten, berichtet, US-Verteidigungsminister Rumsfeld habe mindestens fünfzig Mal Angriffen zugestimmt, bei denen mehr als 30 zivile Todesopfer befürchtet wurden. Es gibt keine veröffentlichte Schätzung der Militärs, wie viele Menschen bei diesen Angriffen tatsächlich getötet wurden. Über Zahl und Art der eingesetzten Bomben und Raketen hat die US-Luftwaffe jedoch eine präzise Aufstellung erarbeitet. Danach warfen Flugzeuge über dem Irak 29 199 Bomben ab. Bei 68 Prozent von ihnen handelte es sich um Präzisionswaffen. Knapp 10 000 waren damit ungelenkte Bomben, unter ihnen sogar 908 Streubomben – Menschenrechtsorganisationen fordern seit Jahren deren Ächtung.

Während der «Operation Irakische Freiheit» wurde wie schon im Kuwait-Krieg uranhaltige panzerbrechende Munition eingesetzt. Flugzeuge und Hubschrauber feuerten 311 597 Schuss ab, bei deren Aufschlag feiner Uranstaub entsteht. Diese panzerbrechenden Geschosse werden mit abgereichertem Uran gehärtet und sollen nach dem Kuwait-Krieg im Südirak Missbildungen bei Neugeborenen ausgelöst haben.

Bereits diese detaillierte Aufstellung gibt Hinweise, wie stark die Zivilbevölkerung in diesem Krieg betroffen war und wie sehr sie unter seinen Folgen leiden wird. Bei Einschlägen auf Marktplätzen und in Wohnvierteln handelte es sich vermutlich nicht nur um fürchterliche Irrtümer, sondern auch um die statistisch vorsehbare «Fehlerquote» dieses Krieges. Wie viel irakische Kriegsteilnehmer getötet und verletzt wurden, ist unbekannt. Nach meiner Schätzung dürften es etwa 10 000 gewesen sein. Viele der Opfer wurden von den Alliierten verscharrt, ohne zuvor ihre Identität und Anzahl festzustellen.

Die Inszenierung des Krieges sieht einen einfachen und schnellen «Waffengang» vor, bei dem menschliches Elend, auch in den eigenen Reihen, so weit wie möglich ausgeblendet wird. So betont US-Präsident Bush in seiner Ansprache am 1. Mai: «Wir haben der Welt die Fähigkeiten und die Macht der amerikanischen Streitkräfte demonstriert.»

Damit verrät Bush ein großes Maß an Selbstüberschätzung. Als siegreiche Macht scheinen sich die Amerikaner nicht vorstellen zu können, dass die Verlierer verbittert sind und viele sie nicht als Befreier empfinden. Den USA fehlt auch das Bewusstsein der Verpflichtung, sich an internationales Recht zu halten.

Ende Mai erklärt das US-Außenministerium, Diplomaten im Irak hätten ihre Immunität verloren. Selbst Diplomaten, die mit Zustimmung der US-Streitkräfte ins Land eingereist und am Wiederaufbauprozess des Landes beteiligt seien, genössen nicht mehr die normalen Privilegien. Zur Begründung erklärt Richard Boucher, der Sprecher des State Department, die Akkreditierung sei bei der alten irakischen Regierung erfolgt und nach deren Sturz erloschen.

Amnesty International wirft den USA vor, bei der Behandlung von Gefangenen gegen internationales Recht zu verstoßen. Hunderte von Inhaftierten hätten noch immer keinen Kontakt zu Anwälten oder Familienangehörigen. Ende Juni schreibt die Organisation in einem Bericht, es gebe Hinweise, dass Gefangene «grausamen, unmenschlichen und erniedrigenden Bedingungen» ausgesetzt seien.

Auch schon während ihres Einmarsches hielten die US-Truppen sich nicht an die internationalen Konventionen, als sie Plünderungen auch dann nicht unterbunden haben, wenn es möglich gewesen wäre.

Im Nachhinein wird dieses Versäumnis auf das Tempo des Sieges zurückgeführt. Es seien nicht genügend Truppen in Bagdad gewesen, um Ruhe und Sicherheit zu gewährleisten, erklärt Paul Wolfowitz. «Die so genannten Sicherheitskräfte sind zusammengebrochen. Es existierte kein einziger Plan für solch eine Situation.» Nach Meinung des stellvertretenden US-Verteidigungsministers war das Ausmaß des Zusammenbruchs von Gesetz und Ordnung nicht vorhersehbar.

Mögen die Planer im US-Verteidigungsministerium überrascht worden sein – viele Beobachter in Bagdad hatten oft genug gewarnt und sogar ein wesentlich größeres Chaos vorhergesagt.

Tatsächlich kam es in der Stunde des Zusammenbruchs weder zu bürgerkriegsähnlichen Zuständen noch zu blutiger Rache an Vertretern des alten Regimes. Der Kollaps der alten Führung verlief ohne Gewalt. Auf den Invasionstruppen ruhten anfangs sogar gewaltige Hoffnungen. Für US-Soldaten wäre es einfach gewesen, die

Plünderer zu stoppen. Wann immer die Besatzungsmacht Schutz für notwendig erachtete, war er leicht zu organisieren. So im Falle des Ölministeriums: Wenige Panzer reichten aus, um dessen Zerstörung zu verhindern. In den ersten 48 Stunden wären sogar nur wenige Soldaten zur Sicherung von Krankenhäusern nötig gewesen. Die Menschen waren bereit, zusammen mit den Amerikanern Plünderer zu stoppen. Ich habe erlebt, wie die Bevölkerung in Bagdad vergeblich auf solche Gesten der US-Truppen wartete.

Die Stunde des Zusammenbruchs von Saddam Husseins Herrschaft war zugleich die Stunde des größten Versagens der Amerikaner. Kommandierende Offiziere vor Ort trifft dieser Vorwurf genauso wie die Planer zu Hause. Jay Garner, der erste Zivilverwalter, hat zwei Monate nach seiner Ablösung die fehlende Koordination zwischen verschiedenen US-Behörden für die Probleme der US-Besatzer verantwortlich gemacht. «Jeder hat für sich geplant», kritisiert Garner, «Dabei bestand die Notwendigkeit, diese Pläne zusammenzufassen.» Dieses Defizit ist keineswegs behoben.

Selbst drei Monate nach dem Sturz Saddam Husseins gibt es noch kein grundlegendes Konzept für den Wiederaufbau des Irak. Die USA und Großbritannien tragen schwer daran, dass es ihnen nicht gelungen ist, die Gunst der Stunde zu nutzen.

Premierminister Blair und Präsident Bush geben sich dennoch optimistisch. «Unsere Feinde suchen nach einem Zögern, nach Schwächen. Sie werden nichts finden», erklärt der US-Präsident nach einem gemeinsamen Treffen. «Wir werden die Aufgabe, den Irakern beim Übergang zur Demokratie zu helfen, zu Ende bringen.»

Die Realität sieht anders aus. Die Besatzungsmächte haben es nicht geschafft, Hoffnungen auf Demokratie zu wecken und positiv umzusetzen. Statt die Mitglieder des 25-köpfigen Regierungsrates von einer großen Versammlung wählen zu lassen, wurden sie von Zivilverwalter Paul Bremer ernannt. Zwei Drittel der Ratsmitglieder sind Exilpolitiker und die Fünf-Millionen-Metropole Bagdad ist im Rat kaum vertreten. Dabei gibt es viele Professoren, Ärzte und Künstler, die das Vertrauen der Menschen in der Hauptstadt besitzen. Stattdessen fahren Politiker, die aus dem Exil zurückkehrten, in schwer bewachten Wagenkolonnen durch die Hauptstadt. Wie sollen sie die Interessen der Menschen vertreten, die sich in den Teehäusern der Stadt darüber empören, dass sie nicht repräsentiert sind?

Die meisten Iraker haben den Sturz Saddam Husseins begrüßt, doch nun wächst die Unzufriedenheit über das langsame Tempo der Veränderungen. «Ich könnte Saddam Hussein mit bloßen Händen umbringen, wenn er mir über den Weg läuft», erzählt mir Adnan Rawi, der Besitzer einer Wechselstube. Schon 24 Stunden später, bei einem gemeinsamen Essen, beschwert er sich über die Besatzungstruppen, beschwört wachsenden Widerstand und beklagt, dass sich die Lebensverhältnisse nach dem Sturz des alten Regimes gewaltig verschlechtert hätten. Besonders der fehlende Strom macht ihn wütend. Weshalb es auch acht Wochen nach dem Sturz Saddam Husseins noch keinen Strom gebe? Er findet nur eine Erklärung: «Die Amerikaner wollen einfach nicht.»

Vor allem unter den Schiiten wächst der Unmut über die Besatzungstruppen. Für viele Geistliche steht nicht mehr die Abrechnung mit dem alten Regime im Mittelpunkt, sondern die Mobilisierung der eigenen Kräfte. Noch trägt deren Agitation nur verdeckt antiamerikanische Züge, doch eine Zunahme der Kritik ist unüberhörbar. Muqtada Sadre, der radikalste Schiitenführer, kündigte bereits die Bildung eigenständiger antiamerikanischer Strukturen an: «Es wird zwei Räte geben. Einen der Übeltäter und einen der Rechtschaffenen.» Der junge Geistliche rief seine Anhänger auf, eine islamische Armee zu bilden. Auch Mohamad Bakir al-Hakim, der Vorsitzende des Obersten Rates für die Islamische Revolution im Irak, drohte mit Unruhen und sucht vorsichtige Distanz zum Rat, dem sogar sein eigener Bruder angehört. Politisches Misstrauen und die zunehmende Ablehnung der Stationierung ausländischer Truppen fallen zusammen mit dem Unmut über fehlende Erfolge beim wirtschaftlichen Aufbau des Landes.

Es wäre falsch, in dieser Situation allein die Amerikaner für die Probleme verantwortlich zu machen und dem Irak die dringend benötigte Hilfe zu verweigern. Doch sie sollte nur im Rahmen der Entscheidungen der Vereinten Nationen und des Weltsicherheitsrates erfolgen. Keinesfalls darf man die USA für ihren militärischen Alleingang belohnen, indem die Welt zulässt, dass Amerika Entscheidungen im Irak weiter monopolisiert, obwohl die Kriegsfolgen wie in Afghanistan zunehmend von anderen Staaten getragen werden.

Mitte Juli fordert UN-Generalsekretär Kofi Annan in einem Bericht an den Weltsicherheitsrat ein Ende der Besatzungspolitik. Man müsse den Irakern einen Zeitplan präsentieren, der eine vollständige Wiederherstellung der Unabhängigkeit zum Ziel habe: «Es besteht eine dringende Notwendigkeit, einen Plan mit klaren und eindeutigen Schritten aufzustellen, der zu einem Ende der militärischen Besatzung führt.» Annan betont, es sei nicht Aufgabe der Vereinten Nationen, sondern der von den USA angeführten Koalition, den Irak zu verwalten und Sicherheit und Stabilität wiederherzustellen.

Die Koalition müsse entscheidende Befugnisse im Irak zügig neuen irakischen Institutionen und übergangsweise den Vereinten Nationen übertragen. Vor allem so lässt sich eine weitere Eskalation von Gewalt verhindern.

Drei Monate nach dem Sturz Saddam Husseins sieht es so aus, als bliebe dafür nicht mehr viel Zeit.

Nächstes Ziel Iran?

So unklar die Absichten der Amerikaner beim Neuaufbau der irakischen Zivilgesellschaft sind, so verschwommen bleiben ihre Ziele im Feldzug gegen das Böse. Am 4. Juli, dem Unabhängigkeitstag, betont Präsident Bush, sein Land befinde sich weiterhin im Krieg und werde «nicht auf einen weiteren Angriff warten oder auf die

Zurückhaltung oder die guten Absichten der Bösen vertrauen.» Doch er verschweigt, welche «Tyrannen» die USA das Fürchten lehren und welchem «ungesetzlichen Regime» es verwehrt bleiben soll, «uns mit Massenvernichtungswaffen zu bedrohen.»

Es gehört zur Strategie der US-Regierung, offen zu lassen, wer der nächste Kriegsgegner im Feldzug gegen das Böse sein soll. Sicherheitsberaterin Condoleezza Rice hält es für die beste Lösung, wenn die Staaten der Region ihren Druck auf Nordkorea erhöhen. Auch der Iran müsse überzeugt werden, Überraschungskontrollen der Atomenergiebehörden zu akzeptieren. Aber Rice nennt Iran nicht bei Namen, wenn sie im gleichen Atemzug über die Notwendigkeit spricht, manchmal gegen Tyrannen Krieg zu führen.

Es war Bushs Mitarbeiter John Bolton, der die Spekulationen über einen Krieg gegen den Iran auslöste, als er auf eine entsprechende Frage eines BBC-Korrespondenten antwortete: «Das muss eine Möglichkeit bleiben.» Die vagen Andeutungen, gegen den Iran Gewalt einzusetzen, und die überzogenen Beschuldigungen und Verdächtigungen, der Iran baue bereits Atombomben, erinnern mich an die Situation in den Monaten vor dem Irak-Krieg.

Eine besondere Brisanz erhalten die verbalen Attacken gegen die Islamische Republik durch die strategischen Veränderungen in der Golfregion. Mit der Stationierung von 150 000 Soldaten im Irak haben die USA die Voraussetzungen zur Führung eines Landkrieges entscheidend verbessert. Mehrere ehemalige Militärstützpunkte wurden von den US-Streitkräften übernommen – doch welchen Zielen die Umgruppierung einzelner Einheiten dient, wird nicht erklärt. Aussagen verschiedener US-Politiker deuten auf eine voraussichtliche Besatzungsdauer von mindestens zwei Jahren. Damit bliebe den Militärs genügend Zeit, verdeckte Vorbereitungen für einen Krieg gegen den Iran zu treffen.

General Franks erklärt, wie wichtig es für die Vorbereitung des Irak-Krieges gewesen sei, dass erste Truppenbewegungen ausgeführt werden konnten, ohne dass ein Zusammenhang zu dem geplanten Angriff zu erkennen war. So bietet die Besetzung des Irak den Amerikanern eine geradezu ideale Kulisse, um einen möglichen nächsten Krieg verdeckt vorzubereiten und militärisch überhaupt erst führbar zu machen. Denn so wie es für den Sturz Saddam Husseins absolut notwendig war, Bodentruppen einzusetzen, wäre auch ein Iran-Krieg ohne die Eroberung der Hauptstadt Teheran sinnlos.

Zwar kritisiert die US-Regierung Irans Atomprogramm, doch ihr geht es auch um eine Beseitigung des islamischen Systems. So dient die Kontrolle des Atomprogramms auch als Hebel, um eine ungeliebte Regierung unter Druck zu setzen. In den USA spricht man bereits über Krieg, wenngleich der Iran im Gegensatz zu Pakistan und Indien nachweislich keine Atombombe besitzt. Obwohl die Führung in Teheran behauptet, keine Bombe bauen zu wollen, unterstellen US-Politiker selbstverständlich, der Iran verfüge bereits über Massenvernichtungswaffen. Unstrittig ist, dass der Iran sein Atomprogramm ausweitet. Im südiranischen Busheer steht ein Zwillingsreaktor vor der Fertigstellung, und in anderen Teilen des Landes werden eine Wiederaufbereitungsanlage und eine Uran-Anreicherungsanlage gebaut. Anhänger des konservativen Flügels der iranischen Politik haben angekündigt, dass sie nicht zustimmen wollen, zivile Atomprogramme wegen ausländischer Drohungen einzuschränken. Sprecher konservativer Studenten lassen keine Zweifel, dass sie die Regierung Khatemi bekämpfen werden, sollte ein Zusatzabkommen unterschrieben werden, das der Atomenergiebehörde weiter gehende Kontrollmöglichkeiten einräumt.

Für die USA existieren somit genügend Ansatzpunkte, um den Druck auf den Iran zu erhöhen. Meinungsumfragen zeigen, dass die Mehrheit der Amerikaner einen Krieg unterstützt, um die Islamische Republik an der Entwicklung von Atomwaffen zu hindern. Ende Juni sprachen sich 56 Prozent der Befragten für und nur 38 Prozent gegen einen solchen Krieg aus. Selbst wenn die Werte stark schwanken und durch die Erfahrungen bei der weiteren Besetzung des Irak beeinflusst werden dürften, so zeigen sie, dass für die amerikanische Öffentlichkeit ein Krieg prinzipiell vorstellbar ist.

Auch wenn die Probleme bei der Kontrolle Iraks wachsen, bedeutet dies nicht zwingend, dass die Bereitschaft der US-Regierung abnimmt, den Iran militärisch anzugreifen. Wiederholt haben amerikanische Politiker die Verantwortlichen in Teheran davor gewarnt, sich in die inneren Angelegenheiten Iraks einzumischen. Ein geschickter Schachzug, da die Schiitenführer Iraks enge Verbindungen zum Iran unterhalten. Der einflussreiche Großayatollah Sistani ist iranischer Abkunft, Ayatollah Hakim hatte während seines 24-jährigen Exils im iranischen Ghom gelebt, und der junge radikale Geistliche Sadre fühlt sich der theologischen Hochschule in Ghom verpflichtet. Wenn sich also künftig Schiiten an den Widerstandsaktionen gegen die US-Streitkräfte beteiligen sollten oder auch nur ihre Forderungen nach einem Abzug der Besatzungstruppen mit mehr Nachdruck vertreten, könnte auch dies die Beziehungen zwischen Washington und Teheran weiter verschlechtern.

Bei ihrem Kampf gegen die islamische Führung setzt die US-Regierung auch auf innenpolitische Veränderungen im Iran. Entsprechend wurden die Demonstranten, die im Juni und Juli 2003 gegen die islamische Führung auf die Straße gingen, von Amerika ausdrücklich unterstützt.

Einen solch gewaltigen Aufmarsch an Sicherheitskräften wie am 9. Juli habe ich in den Straßen Teherans seit Jahren nicht mehr erlebt. Uns Journalisten wurde verboten, über die Demonstrationen zu berichten. Konservative Kräfte innerhalb der Sicherheitsorganisationen und im Justizapparat versuchen systematisch, den Reformflügel zu schwächen. Im Iran gibt es eine neue Welle von Zeitungsverboten und Verhaftungen. Statt einer Stärkung des Reformflügels bringt der äußere Druck vorerst nur dessen Schwächung und gleichzeitig Auftrieb für die Konservativen und damit eine Zuspitzung der Konfrontation.

Die USA können bei einer Kampagne gegen den Iran auch noch auf weitere Konflikte zurückgreifen. Die islamische Führung in Teheran unterstützt die libanesische Hezbollah und radikale islamische Organisationen im Kampf gegen Israel. Zudem verfügen iranische Revolutionswächter seit Mitte Juli über einsatzbereite Mittelstreckenraketen, mit denen sie Ziele in Israel angreifen könnten. Im Iran betonen Politiker aller Fraktionen, die militärischen Potentiale nur zur Verteidigung des Landes einsetzen zu wollen, doch genau das wird von der US-Regierung bezweifelt.

Da sich innenpolitische Veränderungen in der Islamischen Republik nicht abzeichnen, besteht die Möglichkeit, dass die USA ihren Druck auf den Iran erhöhen. Ob die Regierung in Washington ernsthaft erwägt, auch das politische System im Iran militärisch, also durch Krieg, zu verändern, kann ich nicht beurteilen. Sicher ist jedoch, dass der Konflikt derzeit brisanter sein dürfte, als dies von außen zu erkennen ist.

Für die Europäer entsteht damit die dringende Verpflichtung, zwischen dem Iran und den USA zu vermitteln. Dies wäre eine große Chance, die weitere Eskalation der Spannungen zwischen den beiden Staaten zu verhindern. Vermittlungsversuche haben durchaus Erfolgsaussichten, da der Iran mehrfach Kompromissbereitschaft im Bereich des Atomprogramms angedeutet hat. Zudem kann ein Abbau dieser Spannungen auch positive Auswirkungen auf die Entwicklungen im Irak haben. Denn solange die Islamische Republik auch nur indirekten Kriegsdrohungen der USA ausgesetzt ist, werden iranische Politiker sich nicht bemühen, ihren Einfluss bei den Glaubensbrüdern zu nutzen, um die Spannungen im Irak abzubauen. In Teheran herrscht die Überzeugung, ein Fehlschlag der US-Politik im Irak sei der beste Schutz gegen einen Angriff der amerikanischen Streitkräfte.

Mit einem Krieg gegen den Iran würde der Feldzug gegen Terrorismus eine neue Dimension annehmen. In Afghanistan reklamierten die USA das Recht zur Selbstverteidigung. Im Irak nahm die «Koalition der Willigen» das Recht präventiver Selbstverteidigung in Anspruch, um drohende Gefahren abzuwenden. Deshalb ist die Behauptung der britischen Regierung in ihrem Dossier so wichtig, Irak sei innerhalb von 45 Minuten in der Lage, chemische und biologische Waffen einzusetzen: Da die irakische Führung die UN-Inspektoren täusche und verhindere, das die entsprechenden Waffen vernichtet würden, müsse das Mittel des Krieges genutzt werden, um dieses Ziel zu erreichen. Die Suche nach Massenvernichtungswaffen im Irak erhält für Briten und Amerikaner demnach eine besondere Bedeutung, weil sie durch die Existenz solcher Waffen ihre Begründung des Krieges nachträglich absichern können.

Im Falle des Iran wird bereits über ein neue Begründung für einen Krieg nachgedacht. Bei einem Angriff gehe es darum, demokratische Strukturen zu schaffen, um die Herrschaft des Bösen zu beseitigen und die Produktion von Massenvernichtungswaffen beziehungsweise den Export von Terrorismus zu verhindern, behaupten die Befürworter des Krieges. Es handelt sich damit um eine Art «Demokratisierungskrieg». Auch diese Art von Krieg wäre nach dem Völkerrecht unzulässig.

Die US-Regierung vermeidet weiterhin eine Debatte um die Definition von Kriegen. Auch in Bezug auf den Iran könnten die USA versuchen, ihr Vorgehen der Kontrolle durch den Weltsicherheitsrat zu entziehen. Umso wichtiger muss es sein, die Verantwortung des Rates im Irak zu stärken.

Journalisten vor neuen Aufgaben

Mit Täuschung und Irreführung haben es Politiker wie Militärs der Öffentlichkeit schwer gemacht, die Entwicklungen im Krieg gegen den Terrorismus zu durchschauen. Für die Journalisten, die über den Irak-Krieg berichteten, bedeutete dies eine besondere Herausforderung: Die gewaltige Flut der Bilder und die gesteigerte Konkurrenz der Medien untereinander führte zu einer neuen Form der Berichterstattung.

Der Krieg ist in Realzeit nachvollziehbar, per Knopfdruck können die Fernsehzuschauer zwischen den Schauplätzen des Kampfes hin und her schalten. Was dem Zuschauer neue Einsichten verschafft, liefert auch den Kriegsherren ganz neue Möglichkeiten der

Einflussnahme. So gelingt es ihnen, die Medien in einer bisher unbekannten und nicht vorstellbaren Weise zu nutzen und sie in eine neue Front einzubinden – die Front des Informationskrieges.

«Das erste Opfer des Krieges ist die Wahrheit» – diese alte Journalistenweisheit hat sich endgültig überholt. Die Wahrheit wird immer relativer. Dem unglaublichen Tempo, mit dem Bilder übertragen oder Nachrichten übermittelt werden, entspricht die historisch beispiellose Geschwindigkeit und Vernetzung der Kriegführung.

Welche Rolle Journalisten dabei neuerdings spielen, wurde beim Vorrücken der amerikanischen Truppen deutlich. In seinem Kommandostab in Katar konnte General Tommy Franks mit Hilfe des militärinternen Kommunikationssystems den exakten Standort jeder einzelnen seiner Panzereinheiten erkennen. Die Bilder der Live-Übertragungen von CNN und anderen Sendern machten es möglich: Buchstäblich aus dem Gesichtsausdruck der Soldaten konnte Franks Rückschlüsse auf deren Gemütszustand ziehen. Doch nur ihm allein war es möglich, sich ein vollständiges Bild zu machen – schließlich marschierten die Soldaten nach seinen Vorgaben. Und mit Hilfe der Aufklärungsinformationen konnte er auf gleiche Weise die Handlungen des Gegners zumindest nachvollziehen.

Wen wundert es, dass die Briefings nur noch taktischen Zwecken dienen: Tommy Franks erzählte vor allem das, was der Umsetzung seines Planes nützte. Er war sich bewusst, dass auch der gegnerische Generalstab am Bildschirm saß. Wer glaubt, im Krieg von Militärs wirklich informiert zu werden, ist naiv. Es wäre verfehlt, von Missbrauch zu sprechen – schließlich gaben die Militärs immerhin einen Teil der Wahrheit preis. Journalisten müssen auswählen, einordnen und bewerten. Neben den Kampf um die Bilder tritt der Kampf um die Notwendigkeit, sie in einen Zusammenhang zu stellen. Die Aufgabe der Journalisten ist es, Situationen nicht nur sichtbar, sondern auch durchschaubar zu machen.

Welten trennen die Berichterstattung während der Kriege von 1991 und 2003. Im Kuwait-Krieg 1991 war der Kampf um die Bilder äußerst beschwerlich. Einzelne Einstellungen von CNN wurden über Tage rund um die Uhr gezeigt und bestimmten den Eindruck, den die Öffentlichkeit vom Kriege hatte. Die Arbeit vor Ort erwies sich als äußerst mühsam, die Technik im Vergleich zu heute als sehr langsam. Die Aufpasser im irakischen Informationsministerium waren noch überzeugt, dass sie die Weiterleitung von Informationen tatsächlich verhinderten, wenn sie nächtelang unsere Satellitentelefone bewachten und sich bei Übertragungen neben den Korrespondenten stellten. Damals war ich froh, wenn es mir gelang, einige Aufnahmen in Bagdad zu machen, die Bilder zu schneiden und zu überspielen und dann noch für ein Interview bereit zu sein.

Im März 2003 war die Situation eine andere. Die Bewacher wussten, dass ihre Funktion sich überholt hatte. Kameras, die fest auf dem Informationsministerium installiert waren, übertrugen live, was gleichzeitig Satelliten oder unbemannte Flugzeuge in die Quartiere der Planungsstäbe funkten. Journalisten pauschal als Spione zu betrachten, war genauso anachronistisch wie Versuche, alle rund um die Uhr zu überwachen.

Natürlich war ich auch 2003 in meiner Arbeit eingeschränkt, aber nicht entscheidend behindert. Viele Mitarbeiter des Informationsministeriums drangsalierten Korrespondenten, die sie bewachen sollten, vor allem mit der Absicht, hohe Schmiergelder zu kassieren. Aber die eigentliche Überwachung war schon lange anders organisiert. Spezialisten schauten sich die jeweilige Satellitenausstrahlung der einzelnen Programme an, um sie zu analysieren. Schriftliche Berichte der Bewacher über die in Bagdad arbeitenden Korrespondenten – das war nur noch Beiwerk.

Auch in den irakischen Behörden war die Überwachungsarbeit modernisiert worden. Das Gezerre um Aufnahmegenehmigungen diente auch dem Ziel, Journalisten zu beschäftigen und abzulenken. Denn selbst und gerade in Bagdad war es wichtig, neben Eindrücken in der Stadt, neben Interviews und Gesprächen mit Verletzten oder wenn möglich sogar Soldaten, auch im Internet Informationen von anderen Abschnitten des Krieges zu sammeln. Darin sah ich eine neue Herausforderung. Wie sonst konnte ich beurteilen oder erahnen, wann Iraks Informationsminister Sahaf die Wahrheit sagte oder log und – noch wichtiger – *warum* er log.

Was ich vor Ort ahnte, zeigte sich in den Fernsehsendern in wesentlich größerer Schärfe. Nicht mehr die Beschaffung, sondern die Auswahl der Bilder war das Problem. Und dann ging es um deren Einordnung und Kommentierung. Livesendungen waren die Antwort des Fernsehens, Zeitungen reagierten mit Sonderseiten auf die Informationsflut und die Anforderung, sie zu bewältigen. Mit der neuen Geschwindigkeit des Krieges und der immer schnelleren Berichterstattung nehmen die Anforderungen an Journalisten zu. Dabei haben die Ereignisse in Bagdad gezeigt, wie schwierig es wird, Täuschungen und Inszenierungen zu durchschauen. Auch Journalisten müssen heute extrem gut vernetzt sein, um ihre Aufgaben bewältigen zu können.

Natürlich ging es in Bagdad auch um Fragen journalistischer Ethik: Was dürfen wir zeigen, und mit welchen Bildern werden die Persönlichkeitsrechte von Toten verletzt? Ich hatte Angst davor, dass übereifrige Korrespondenten auch mich in Großaufnahme zeigen könnten, sollte ich Opfer werden wie die Kollegen, die im Hotel Palestine tödlich verletzt wurden. Genauso galt es, die Würde der irakischen Kriegsopfer in meinen Beiträgen zu wahren.

Der Verlauf des Krieges zeigte, wie wichtig es war, dass ausländische Journalisten aus Bagdad berichteten. Denn mit zunehmender Dauer gab es einen dramatischen Anstieg der zivilen Opfer. Über diese Seite des High-Tech-Krieges zu berichten – das ist eine klassische Aufgabe von Journalisten.

Danksagung

Ohne Björn Theye wäre dieses Buch nicht entstanden. Er war Partner in stundenlangen Debatten über den Aufbau, recherchierte Fragen der Kriegführung, hörte sich geduldig meine Schilderungen an, um dann Einordnung und Bewertung zu diskutieren. Schließlich verdanke ich ihm und Jens Dehning die Überarbeitung der Texte.

Für Hintergrundinformationen, Hinweise und Hilfen bei der Einordnung möchte ich Dilshad Barzani, Marcus Dolder, Lilly Gruber, Ziad Haris, Oswald Iten, Gregor Mayer, Antonia Rados, Mehdi Serdani und Mariam Shahin danken.

Ebenso danke ich den irakischen Mitarbeitern, die mir in Bagdad Rückhalt und Sicherheit gaben. Ohne ihren furchtlosen Einsatz hätte ich viele Eindrücke vor Ort nicht gewinnen können. Dies gab mir große Sicherheit bei der Arbeit.

Schließlich wäre dieses Buch auch ohne den Rückhalt der Kolleginnen und Kollegen vom ZDF in Mainz nicht möglich. Dies gilt vor allem für Nikolaus Brender, Dietmar Ossenberg und das legendäre «Cafe Bagdad» mit Matthias Fornoff, Claudia Ruete und Elmar Thevessen. Ihr enormer Einsatz verschaffte mir den Spielraum, trotz extremer Anspannung Zeit für die Verarbeitung der Eindrücke zu gewinnen.

Barbara Müller vom Schweizer Fernsehen danke ich für ihr Verständnis in komplizierten Situationen.

Zuletzt möchte ich meiner Frau Elisabeth Stimming danken. Mit ihr habe ich die Idee entwickelt, ein Buch über meine Erfahrungen und Einschätzungen zur Entwicklung des Mittleren Ostens zu schreiben. Dass es ein Buch über den Irak-Krieg geworden ist, war nicht geplant. Während des Krieges selbst hat sie mich unterstützt und bestärkt, aus Bagdad zu berichten. Auch bei dem Buch hat sie meine Arbeit bis zum Schluss kritisch begleitet.

Mona und Mani haben mir mit ihrem Verständnis sehr geholfen.

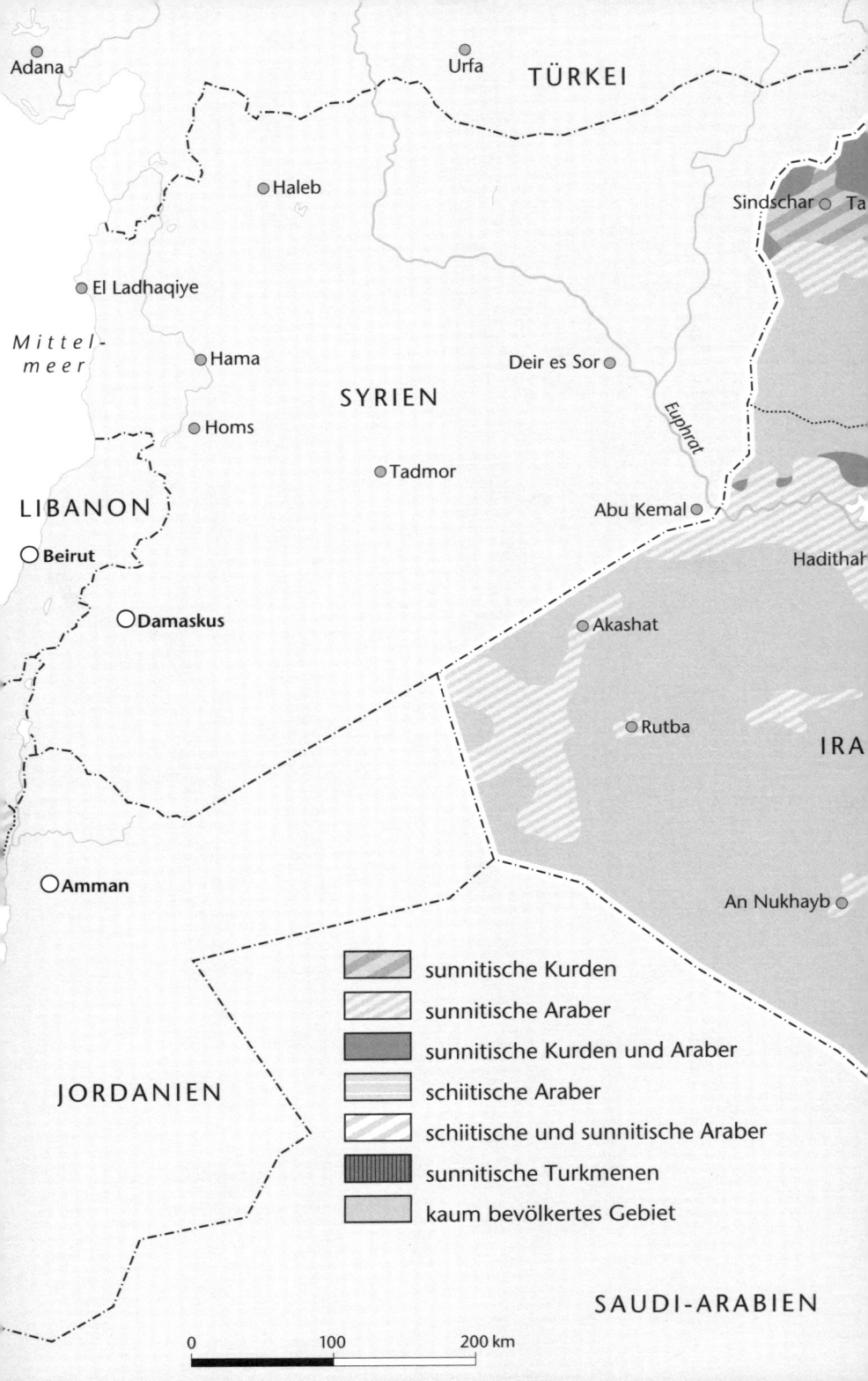

sunnitische Kurden
sunnitische Araber
sunnitische Kurden und Araber
schiitische Araber
schiitische und sunnitische Araber
sunnitische Turkmenen
kaum bevölkertes Gebiet

TÜRKEI

Adana

Urfa

Haleb

Sindschar   Ta

El Ladhaqiye

Mittel-
meer

Hama

Deir es Sor

SYRIEN

Euphrat

Homs

Tadmor

Abu Kemal

Haditha

LIBANON

Akashat

Beirut

Damaskus

Rutba

IRA

Amman

An Nukhayb

JORDANIEN

SAUDI-ARABIEN

0   100   200 km